从故事里学儿童技能教养法
Kids' Skills in Action

基于焦点解决治疗的、振奋人心的新方法
帮助孩子克服情绪和行为方面的问题

[芬兰] 本·富尔曼 Ben Furman 著
[芬兰] 李红燕 译

华夏出版社
HUAXIA PUBLISHING HOUSE

Kids Skills

推荐语

在儿童教育中，家长和老师常遇到许多困扰，可谓"心有千千结"。而富尔曼的儿童技能教养法无疑是打开心结、解决问题的一把金钥匙。它的神奇在于一把钥匙能打开千把锁，并且还能帮助读者配出新的钥匙。好的思想，就是一束灵光；好的方法，就是一把金钥匙。

全国妇联特聘儿童教育专家　蔡景昆

这不就是我想要的吗？落地、有效，可以帮助那些善于讲道理的中国家长，轻松愉快。

全国高级家庭指导员培训师，中国青少年研究中心　曹萍

轻松有趣、充满创造力的儿童技能教养法，为我们带来了用教练式思维与孩子沟通，并帮助他们自己解决问题的新思路。

父亲参与促进中心总干事　温志刚

芬兰富尔曼医生的书稿通俗易懂、好学易用，可操作性强，源自他深厚的后现代心理学学术功底，源自他对生活的积极乐观态度，以及他对现代社会各种纷扰现象的深刻洞察和丰富的人生阅历。阅读富尔曼其书，品味富尔曼其人、跟随富尔曼其事！他的儿童技能教养法在世界各地广泛实践并获得认可，创造了各种奇迹，在中国也一定会很受欢迎，对儿童教育将影响深远。

中国科学院心理研究所心理健康促进中心主任　史占彪博士、教授

学习分享

高伟（中科院心理研究所心理健康促进中心，外联部主管）：
操作性非常强的技术，既可应用于日常教育，更可用于问题行为专业干预，推荐家长、老师、心理咨询师学习。

王建国（北京启承转合管理顾问有限公司，教练）：
本·富尔曼的"儿童技能教养法"具有人本的教育理念，正向积极的教练原则，非常简单，十分有力量的流程。且易学易上手，一用就有效。

宋城（教练）：
"儿童技能教养法"的焦点问题解决技术是个很奇妙的东西，不仅可以应用于儿童教育，而且可以直接用于管理培训的课程设计，这是第一次学习中最意外的最有价值的收获。

王利宁（北大附小，教师）：
作为教育者，我们身负如此责任：帮助每个孩子寻找到自我成长中的潜在力量，智慧引导、用心呵护这样珍贵的自我成长力量，令之强大，使之动人，芬兰"儿童技能教养法"可以助我们一臂之力，丰富我们的教育途径与教育实践！

顾江巍（家长）：
"儿童技能教养法"给予我们的不仅仅是正确教育孩子的方法，还让我们明白应该如何快乐生活，那就是永远不要因问题而焦虑。

林楠（东北大学机械工程与自动化学院，分团委书记）：
这是一种源于信任的教育方法，相信孩子们能做得更好，同时也相信我们自己能做得更好！

成佳（苏州紫兴纸业有限公司，人力资源总监）：
"儿童技能教养法"给我印象深刻的是，本示范与孩子在沟通中提问题的技巧，问题以孩子为中心，激发孩子的发散性思考，让孩子想出很多的选项，并且注重连接孩子与父母的沟通，在问与答中让孩子和父母的情绪得以调整，这是我很欣赏的；另一个印象深刻的是，它重在"怎样才能做得更好"而不是"为什么"的纠缠。

周秋野（摄像师）：
第一次见到本就记住了他纯真的眼睛。他是用心在和孩子交流。你问孩子的心灵在哪里，他会微笑着指给你，你问花多少钱可以让我的孩子出息，他一定会向你摇头。《弟子规》里有句话："凡是人 皆须爱 天同覆 地同载。"本做到了。

魏巍（芬兰儿童技能教养法中国推广中心）：
很感恩有缘结识"儿童技能教养法"，我们的家庭都是受益者。希望在中国播种一粒小种子，一传十，十传百，帮助更多家长学会爱的方法，享受孩子的成长。

作者序

多年来,我一直在世界各地讲授儿童技能教养法。无论到哪里,不管我多么仔细地讲解十五步法,人们总是要我讲一些儿童技能教养法在实际当中的应用。"我们想知道你是怎么做的!""你有没有辅导家庭/孩子的视频呢?""如果孩子不承认他们有问题怎么办呢?""这个方法对小小孩儿适用吗?""要是孩子有自闭症或者智障怎么办?""没有支持者怎么办?""能在整个班级或者一组孩子中运用儿童技能教养法吗?""要是过了一段,孩子的问题又反复了怎么办?"

当人们问起这些问题时,我经常会笑着对他们说,"我可以给你们讲个故事作为回答吗?"人们好奇地点头后,我就会讲述一个故事,因为,我认为一个好故事比一个理论解释来得更好。所幸的是,我可以讲很多的故事。这些故事,有的是我自己的,有的是来自我多年实践见过的孩子和家庭。但是,当你读这本书的时候就会发现,还有很多的故事是来自世界各地的人们的,他们运用儿童技能教养法帮助儿童和青少年克服各种问题。

这本书是一个故事集。我衷心地希望这本书能帮助您,我亲爱的中国读者,去理解儿童技能教养法中的"道",去激励你们跟你们自己的孩子或者其他的孩子尝试这个方法。

当我写这个序的时候，我已经开始跟我在中国的伙伴们一起在中国传播儿童技能教养法啦。我们有一个芬兰—中国儿童技能教养法的团队，我们已经翻译了那些教学材料，包括儿童技能教养法的张贴画、工作手册和录像视频，我们也在北京和上海组织了各种培训课程。

借这本书里的故事让中国读者变得像我们一样喜欢儿童技能教养法，是我们这个团队的希望。我们的梦想是激励您在您的孩子或者其他孩子身上试着使用这个方法，然后也写下您自己的故事。我们希望在不远的将来，我们能够把您的故事也收集进来，我们一起写一本名字为《儿童技能教养法在中国》的书——一本在全中国收集的故事集。

我们衷心地欢迎这本书的读者加入到我们的使命中：让儿童技能教养法帮助我们养育更加快乐的孩子，让我们为自己的孩子感到骄傲！

赫尔辛基，2013 年 10 月

译者序

我的梦想——让"儿童技能教养法"在中国生根开花

"儿童技能教养法"的传播终于来到了中国,在过去的一年里,已经有了很多的尝试。富尔曼先生已经在中国开办了工作坊,其中,在北大附小为全体老师开办的整整三天的课程吸引了全校的老师参与。已经培养了相当数量的儿童技能教养法的传播者和实践者。我们也已经开始用这样的方法在一些学校辅导孩子们和他们的家庭,其中的快乐和满足是难以言喻的。

儿童技能教养法到底适用于几岁的孩子?能在什么环境下使用?怎么使用?能不能适应中国的国情?很多人在不了解这一方法时,都会质疑这一"洋玩意儿"是否也会水土不服。这本《从故事里学儿童技能教养法》也许可以回答大家的这些问题。

2012年夏天,第一次在赫尔辛基见到富尔曼的时候,他送给了我这本书。里面有那么多令人称奇的小故事,我完全被它迷住了。那时候,我也在想上面的那些问题,而这本书回答了我。因为这本书尚没有中文版,征得富尔曼的许可后,我决定开博客,一篇一篇地翻译这本书中的每个小故事,希望能够跟更多的中国朋友分享它们。翻译的过程常常会把自己带入到情境中,想象自己就是故事中坐在孩子对面的那个咨询师或者家长、老师,一次次地为孩子的"问题"所苦恼,又一次次地为孩子的智慧所折服。看着那些无助的家长和孩子在儿童技能教养法的帮助下重新获得了战胜困扰的勇气，找到那么巧妙的方法，很多经年不治的问题居然在轻松的谈话中如此简单地被化解了，不禁感叹儿童技能教养法化腐朽为神奇的魔力。那些翻译的日子里，每天都过得像做梦，好像自己在亲历这一个个神奇的转化，快乐无比。

我的梦想是：希望在不远的将来，能够收集一本甚至是多本在中国的国情和文化下，在家庭和学校运用儿童技能教养法支持儿童成长的故事集；我还有一个梦想就是，在中国办一所，不，是一个连锁的以儿童技能教养法为核心的辅导特殊儿童的学校，就像瑞典那样，在每个城市都有"儿童教育，一个不能少！"

很感谢华夏出版社决定出版这本书，相信它能带给家长和老师很多启发。富尔曼喜欢在他的课上讲述故事，来启迪你的思考。

我也愿意跟大家再分享一个中国故事，它发生在今年八月份的北京工作坊上。

  冬冬妈对自己八岁的儿子一直很担心。她曾经给自己的孩子贴上轻度自闭的标签，觉得这个孩子最大的问题就是缺乏社交技能和容易情绪失控。她说，冬冬太软弱了，特别在意别人的评价，还老是觉得别人欺负他，看不起他。他不会跟小朋友相处，经常为一些小孩子之间的事哭得一塌糊涂。

  冬冬妈是在开课的第二天带着冬冬来到课堂上的，随他们一起来到课堂的还有冬冬的工程师爸爸。三十多个学员们围坐成一个圆圈，冬冬、冬冬的爸爸妈妈，还有富尔曼先生和他的翻译坐在中间。

谈话开始的时候，富尔曼老师如他一贯所为，用他从芬兰带来的手偶娃娃威莱跟孩子做了一些互动，消除了陌生感，建立了亲和。他随即转向妈妈爸爸，问道："这个可爱的孩子都有些什么优点呢？他都会做哪些事？"妈妈想了一想说，冬冬是个善良的孩子。富尔曼问妈妈，冬冬能理解您说的"善良"是什么意思吗？冬冬在一边腼腆地说，"我懂"。富尔曼请爸爸举个例子说说冬冬的善良。爸爸想了一想，说道："冬冬非常体贴爸爸妈妈，也很乐于为别人着想。"妈妈还说，冬冬会画画，数学也学得不错。在妈妈爸爸历数这些优点时，冬冬一直很专心也很享受地听着，他略带腼腆，扭动着身体说："都不好意思了。"然后富尔曼出了一道算数题，跟他一起做了一会儿算数游戏，冬冬开始变得活跃起来。这样的互动进行了大约有半个多小时，富尔曼问冬冬的爸爸妈妈，他们还希望冬冬学习什么其他的技能呢？

妈妈说，她希望冬冬能够学会用更好的方式去应对其他小孩子的"侵犯"（比如，有的孩子会抢他的东西，或者对他说不友善的话），而不只是像个小小孩儿一样哭个不停。富尔曼让妈妈爸爸表演一下那个只会哭闹的场景，并演示一下，他们希望冬冬遇到这样的场景时如何应对。妈妈扮演冬冬，爸爸扮演那个欺负冬冬的小朋友强强。冬冬立刻急急地反对说："不能说名字。"多聪明的孩子！于是富尔曼老师立刻给爸爸妈妈换了两个外国小朋友的名字，妈妈扮演的小男生叫比利（就是冬冬的原型），爸爸的角色叫马克，冬冬显得很满意的样子坐回到自己的椅子上安心观察妈妈爸爸的表演了。妈妈（比利）找来两支彩笔拿在手里拨弄着玩耍，爸爸（马克）跑过来一把夺过妈妈（比利）手中的笔，妈妈（比利）于是像个小小孩儿一样大哭起来。

冬冬很认真地看着妈妈爸爸的表演。看到妈妈学着他的样子哭起来的时候，他有些难为情，忍不住补充道："我也不总是哭，有时候我还会跑开呢。"那么，还有什么更好的应对方法呢？老师问道。冬冬提议说："我可以假装哭一会儿，然后再突然把笔抢回来。"

为了找到更好的应对办法，也让这个过程变得有趣，富尔曼老师建议大家一起做个游戏：先利用十分钟的休息时间（喝一杯咖啡），学员们分成四人一组做个讨论，每组至少贡献一个有创意的好主意。爸爸妈妈和冬冬也一起商量一下，看看还有什么更好的办法来应对这个状况。

休息结束后，游戏开始了：妈妈（比利）正在玩自己的手机游戏，爸爸（马克）过来伸手就抢比利的手机。有什么好的应对方法呢？每组学员依次在妈妈的耳边悄悄地告知他们想到的好主意，再由妈妈表演出来。有些小组成员觉得冬冬妈的表演不够生动，就主动申请客串角色，亲自表演。冬冬就在一边看着他们的表演，认真地给这些主意打分，并给出他自己的理由。在打分的过程中，他还自创了一套完整的打分系统以及相应的符号：从"非常棒"，"不错"……到"不好"。

比如，看到手机被马克抢走了，比利笑眯眯地跑过去，从马克手中再抢回来，一边抢一边说"该我抢你了！" 就像是在做游戏一样。冬冬想了一想，在纸上给这个编号为一号的主意打了一个钩，表示"不错"。有个小组给出的主意是：看到手机被抢走了，比利跟过去骗马克说："咦，你的头上有个虫子！"然后再趁马克不备，再把手机抢回来。冬冬给它的评价是"中差"，理由是一旦马克发现上当了，就会再次抢回他的手机呀。另外一组提出的建议是：比利对马克说 "你不会玩吧？我知道很多好玩的游戏，不如把手机还给我，我教你，咱们俩一起玩吧"。冬冬在这个主意的旁边打了两个钩，还画一个笑脸，表示这是个非常棒的主意……就这样，差不多一起讨论了有七八条，冬冬逐条给出评价，并充分说明理由,他对不伤和气还能讨回手机的处理方式最为赞赏。在场的学员都被冬冬所表现出来的智慧所打动。

这个游戏实在是太好玩了。富尔曼问冬冬一家人,是不是可以在家里继续这个游戏?一家人很开心地点头称是。按照儿童技能教养法,用游戏的方式跟孩子练习新技能是学习中非常重要的一步。如果冬冬的妈妈爸爸能够每天针对出现的各种类似的状况,带着孩子做这样的游戏,一起找到适当的应对方式,孩子应该很快就学会处理这样的状况了。

在个案辅导的最后,富尔曼老师想起冬冬妈妈在个案辅导刚开始时说过,"冬冬非常善于记歌词"。她提到,冬冬在北京的一所华德福小学读书。他的老师在上学期结束的时候,给每个孩子送了一首诗。妈妈说,冬冬特别喜欢老师送给他的那首诗,只读了两遍就能背诵下来了。这首诗是这样写的:

山间的晨露映出
一簇燃烧的荆棘丛
是一根荆棘刺入了
一只火焰般的荆棘鸟
没有哭号 没有哀叫
却传来阵阵歌声
唱得
花儿不动了
风儿不吹了
溪水不闹了
鱼儿不游了
上帝也在苍穹上微笑

显然，这首诗在冬冬心里有着不一样的寓意。富尔曼老师问妈妈，你觉得冬冬明白这首诗的意思吗？冬冬在一边轻轻地说，"老师觉得我就是那只'荆棘鸟'"。啊，一只受了伤依然歌唱的美丽的荆棘鸟！大家再一次被孩子的内在智慧所打动。

富尔曼邀请孩子画一张荆棘鸟的画。因为颜色太少，冬冬很快用铅笔勾勒出了一个他自己心中的简版荆棘鸟。富尔曼老师提醒冬冬妈和学员们，这个荆棘鸟就是冬冬心里的"魔法宝贝"或称为"力量代表"啊。他建议冬冬回家后再画一张彩色的荆棘鸟，塑封起来每天带在身上，让这只荆棘鸟提醒冬冬在那些"受伤害"的情形下，试着用更加和谐和友善的方式去回应，而不只是哭着跑开。也许，他还能学着说一些友善的话，赢得别人的喜爱和尊重，让笑容回到每个人的脸上。

个案辅导结束了，学员们摆开座椅要继续新的学习了。大家拍手感谢冬冬和他父母亲的参与，并打算送冬冬和他的父亲离开课堂。冬冬悄悄地问妈妈："我能继续留下来吗？"哈哈，这个小家伙爱上了这个游戏和这里的氛围啊！

亲眼目睹整个辅导过程，看到孩子在其中的参与和学习，懂得了什么是欣赏、如何把问题转化为学习的技能，如何调动所有的资源支持孩子，如何巧妙利用孩子内在的精神偶像，如何在练习中加入游戏的成分，如何轻松面对"问题"……虽然没有完整的15步，然而，儿童技能教养法的精髓已经全部呈现了。

如果，这里面的故事能够给您带来一些启发，让您也爱上儿童技能教养法，我们热情欢迎您的加入，也期待着有一天能够听到您的分享。

目录

前言 ...1

Part 1 什么是儿童技能教养法 ...3

关于儿童技能教养法的一些问答 4
儿童技能教养法的发展简史 7
儿童技能教养法的源头 9

Part 2 儿童技能教养法的分步介绍 ...17

十五步儿童技能教养法 18

Part 3 儿童技能教养法帮助不同年龄的儿童 ...39

跟马桶"讨教"控制撒尿
三岁男孩,挪威 ...40

学会乖乖回家
四岁男孩,芬兰 ...44

用"屎王"训练坐便盆
五岁男孩,芬兰 ...50

再也不尿裤子了
六岁男孩,瑞典 ...53

让狗狗闻一闻你
七岁男孩,芬兰 ...56

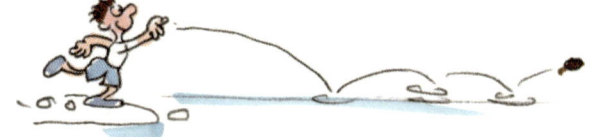

一个成为消防队长的男孩
八岁,澳大利亚 ...62

跟小妹妹做朋友
八岁女孩,日本 ...69

驯服暴力
八岁男孩,奥地利 ...76

一次愉快的家访
八岁男孩,英国 ...81

学习守时
八岁男孩,芬兰 ...100

不再害怕假面具
八岁女孩,芬兰 ...103

一个孩子,三个技能
九岁男孩,荷兰 ...111

学会好好地下楼梯
十岁男孩,芬兰 ...119

改掉说脏话的坏习惯
十岁男孩,瑞典 ...122

克服对蜘蛛的恐惧
十岁女孩,芬兰 ...126

把水当牛奶喝
十岁男孩,芬兰 ...139

在家庭游戏中改善厌食症
十岁女孩,荷兰 ...146

儿童技能教养法和古兰经
十一岁男孩,伊朗 ...152

帮助离异家庭的孩子找回幸福感
十一岁女孩，加拿大 ...159

学会跟老师好好相处
十一岁男孩，荷兰 ...167

培养耐心可以克服过度活跃
十二岁女孩，德国 ...172

学习控制玩游戏的时间
十四岁男孩，芬兰 ...177

Part 4 在团体里运用儿童技能教养法 ...183

"懒虫子"和"工作蚁" ...184
一所荷兰小学 ...190
一起学习新技能 ...195
怎样让班集体变得更好 ...202
改善特殊班级的氛围 ...207
给家长的一封信 ...214
给全班同学的一封信 ...216
鼓励的来信 ...218

Part 5 实施儿童技能教养法的关键点 ...227

实践之前需要考量的几件事 ...228

感谢 ...232
参考资源 ...233

前 言

儿童技能教养法是用心理学的焦点解决的方法帮助孩子克服情绪和行为问题。这本书给了你实际使用这个方法的信心和一些基本要领。里面有大量的故事，详尽描述了儿童技能教养法的实际操练。这些故事来自世界各地不同的国家，由那些运用儿童技能教养法跟孩子们一起工作的专业人士提供，其中有几例讲述的是跟自己的孩子互动的经历。为了让故事读起来更加清晰和顺畅，我做了一些编辑和整理，并把当事人的名字做了修改以保护其隐私。这些修改均得到了故事提供者的认可。

第一章介绍了这个方法，给出了一些该方法发展的背景信息，包括激励该方法生成的源头，以及它的形成历史。

第二章概述了儿童技能教养法的 15 个步骤，并提供实例来阐述该方法的具体使用。

第三章由一系列故事组成，描述了儿童技能教养法在一对一的案例中如何帮助孩子克服各种问题。所提供的故事是按照孩子年龄的大小排序的，从一个三岁的案例开始，到十四岁的案例结束。

第四章由一些在集体环境下运用儿童技能教养法的故事组成。那些故事有些是关于如何跟一组孩子一起工作的，有些是跟全班甚至全校孩子一起工作的实例。

本书会让你对儿童技能教养法有足够的了解，以及有足够的信心去尝试使用该方法。最后的章节里提出了一些关键的指导原则，当你打算运用儿童技能教养法跟孩子一起工作的时候，请把这些原则谨记在心。

儿童技能教养法从儿童的角度看世界，为的是鼓励
和帮助孩子们获取他们需要的技能去克服自身存在的问题。

Part 1

什么是儿童技能教养法

关于儿童技能教养法的一些问答

什么是儿童技能教养法？

儿童技能教养法是以孩子为中心，在家庭、朋友以及其他跟孩子亲近的人的帮助下，一步步地帮助儿童通过学习技能，来克服其自身的情绪和行为问题的方法。

适合什么年龄的孩子？

原本是为三岁到十二岁的孩子设计的，但其中的原理也适用于青春期的孩子，甚至成年人。

谁可以使用这个方法？

儿童技能教养法的初衷是为专业人士（教师、心理学家、咨询师、社会工作者和治疗师）设计的，帮助孩子克服困扰的工具。不过，这个方法如此简单和安全，家长们只要经过一点点专业的辅导就可以用来帮助自己的孩子。

儿童技能教养法背后的基本理念是什么？

成年人倾向于把问题看成是需要处理的一些困扰，孩子们却愿意把问题看成是缺乏技巧而已。儿童技能教养法从儿童的角度看世界，为的是鼓励和帮助孩子们获取他们需要的技能去克服自身存在的问题。这个方法能够将家长、学校和朋友都带进来形成一个积极正向的、帮助孩子学习技能的氛围，其结果往往不仅帮助了孩子，也改变了孩子身边的整个环境。

儿童技能教养法的特殊性在哪里？

这个方法的优势在于，虽然孩子不喜欢谈论他的问题，但是学习技能却会让他感到愉悦并有回报。此外，儿童技能教养法避免了指责，把家长当成是愿意并有能力帮助孩子学习技能的支持者，从而增强了跟家长的合作。

儿童技能教养法都能解决什么问题？

儿童技能教养法适用于很宽的范畴，比如解决恐惧、行为混乱、无法专注、坏习惯、乱发脾气以及跟吃饭、睡觉、上厕所有关的各种问题，等等。

你甚至可以说儿童技能教养法适应于解决任何问题，因为通过学习某种所需要的技能，儿童的问题都可以被解决或者改善。

儿童技能教养法能够帮助孩子解决很严重的问题吗？

使用儿童技能教养法通常并不在意孩子是什么问题，严重不严重。它的要点是通过帮助孩子学习自我控制，而克服某些特殊的症状，或者某种特别的紊乱，如此可以减轻一些由于严重精神紊乱引起的症状，诸如注意力缺乏障碍、孤独症、全身性发育迟缓、抑郁、强迫症、多动症和强迫性神经失调等。举例来说，儿童技能教养法可以通过帮助多动症的孩子获得自我控制而克服由于多动症引起的过度活跃或突发性情绪失控。

在使用儿童技能教养法时，有没有什么道德层面的顾虑需要考量？

总体来说，使用儿童技能教养法是极其安全的，最糟糕的状况不外乎是没起作用。可是，就像其他一些帮助人们转变的工具一样，儿童技能教养法也有可能被用来协助孩子做那些也许并不适当的，甚至在道德层面饱受质疑的转变，比如教孩子去撒谎，或者要求那些已经非常努力了的孩子去更加努力。所幸的是，这种风险可以被减至最小，因为儿童技能教养法要求孩子们自己确认需要学习的技能，并邀请孩子们生命里那些重要的人参与进来做孩子们的支持者。

原则上来讲，一个人即使仅仅是从表面上掌握了这套方法，也可以去尝试机械地套用它。

最后，必须指出的是，儿童技能教养法不是全能的。它只是一种方法，来帮助孩子通过学习技能来克服困扰。它并不阻止必要时采取的医疗关照和保护性干预。

儿童技能教养法的发展简史

儿童技能教养法是20世纪90年代形成的。是我和我的同事塔巴尼·阿赫拉（Tapani Ahola，也是赫尔辛基简快治疗研究所的共同创建人，在研究所里做培训师），跟斯莱巴·伯恩（Sirpa Birn）女士和都亚·泰莱瓦（Tuija Terävä）女士［来自芬兰小城盖乌拉（Keula）幼儿园做特殊教育的老师，她们专门负责那里4～6岁有各种情绪或者行为问题的孩子］共同合作的结果。

儿童技能教养法最初是一套非常实用的方法，或者叫作有用的指导手册，旨在用一种建设性的方法来处理幼儿园里那些比较难以应对的状况。它其实是我们过往经验的一个整合。起初，我们只是在盖乌拉（Keula）幼儿园跟家长和孩子们合作尝试着开始实验这些想法，慢慢地，就形成现在的这个15步儿童技能教养法。

我们为孩子制作了通俗易懂的练习手册，把每一步分解开来，解释它们的意义，以及特别供老师使用的指导手册。我们也为家长准备了简单的引导手册，便于他们理解该方法并与老师有效合作。

很快地，我们就开始提供课程和工作坊，宣传儿童技能教养法。来自全国甚至世界各地的人们来到盖乌拉（Keula）幼儿园观摩和学习这一方法的实施和应用。我们也被邀请到各处去宣讲这个方法。在这些积极反馈的激励下，我们创建了儿童技能教养法的网站（www.kidsskills.org），以便更广泛地传递这些信息，也方便获取反馈。

《儿童技能养成法》的芬兰语版本是2003年出版的，里面详细描述了实施该方法的 15 步。然后迅速被翻译成英文，于 2004 年圣卢克创新资源在澳大利亚出版，取名为《儿童技能教养法：开心又实用的同孩子一起找方案》（*Kids' Skills : A playful and practical solution finding with children*）。这本书目前已经被翻译成 18 种语言，包括日文和中文。

最近几年，儿童技能教养法的培训变得愈加国际化。有很多的机构已经具备资质提供儿童技能教养法的培训，并颁发证书给那些受过训练的专业人员，我们称他们为儿童技能教养法的"大使"（在有些国家称他们为教练或辅导员），这些"大使"的资料被登录并维护在儿童技能教养法的网站里。

关于儿童技能教养法的研究资料还很少，它的有效性的科学验证还有待探索。但大量的来自世界各地的反馈告诉我们，这一方法确实在创造很多惊人的奇迹——如果你能够真实地实践"尊重与合作"的基本理念的话。

儿童技能教养法的源头

儿童技能教养法受到很多理念的影响。虽然无法细数所有这些理念的源头,但下面的这些大师是必须提及的:米尔顿·埃里克森(Milton H. Erickson),杰伊·哈利(Jay Haley),仁书·金·伯格(Insoo Kim Berg),史蒂夫·德·沙泽尔(Steve de Shazer),迈克尔·怀特(Michael White),大卫·爱普斯顿(David Epston)。

米尔顿·埃里克森

米尔顿·埃里克森(1980年去世)是一位传奇式的美国精神科医生,堪称简快治疗的鼻祖。他是个充满创意的治疗师,在治疗中娴熟而神奇地使用各种治疗技术,包括使用催眠术、布置家庭作业和讲隐喻故事。

埃里克森不仅处理成年人的病例,也处理孩子的问题,比如吮指头、尿床,还有一些恐惧症之类的问题,这些案例都成为激励我和我的同事们的源泉。在西德尼·罗森(Sidney Rosen)的那本《我的声音将跟随你:米尔顿·埃里克森博士的教学故事》(*My Voice Will Go with You: The Teaching Tales of Milton H. Erickson*, M. D)里,讲述了下面的故事,让我们见证了埃里克森的创造力以及他同孩子连接的能力。

六岁的女孩,海蒂·荷,她的父母带着绝望的情绪来拜访埃里克森。她不但从商店、从别人那偷东西,而且还偷父母的东西,并撒谎说自己是怎么得到它们的。

"小小的年纪就变成了一个偷窃狂,变成了一个六岁的扒手加骗子,我们能做什么呢?"这对父母无奈地问埃里克森。

埃里克森答应关照这件事。然后他给这个女孩写了一封信:

"亲爱的海蒂·荷,我是你的'六岁成人仙子'。你知道吗?每个人都有一个自己的成人仙子,只是没人能看到他,所以你也从来都看不到我。也许你想知道我长什么样儿。告诉你吧,我的眼睛在我的头顶上,在我的额前,在我的下巴底下,所以我能看到我的孩子——也就是你——所做的一切。我一直观察着你,注意到你在慢慢地学习新的东西,我非常高兴地看到你用自己的方式学到了很多的新东西。当然,有些比较容易学,有些比较难学。我也有耳朵,但是我的耳朵不在我的头顶上,因为那样会干扰我的眼睛看东西。我的耳朵长在脸颊上,它们是通过一个可以旋转的关节长在那儿的,所以我可以把它们转向任何方向,听到所有方向的任何声音。我还有一些耳朵长在脖子的下面和侧面,我的后腿上和尾巴上也长满了耳朵。那个长在我尾巴尖儿上的耳朵非常大,它也接在一个可以旋转的关节上(你可以问一下爸爸,什么是可以旋转的关节)。这样我就能听到你所说的任何的话,和你做事时发出的任何响声了。"

他还在信中详细地描述了这个女孩的"成人仙子"的样子:有多少前腿,多少后腿,怎么走路,以及如何用它的脚趾头抓着笔写信,等等。信的结尾,他给女孩子送上美好的祝福。

据埃里克森自己讲,这封信对女孩产生了积极的影响。女孩的父母说,这个女孩停止了偷窃的行为。过了不久,这个女孩给"仙子"寄来了一封信,并且邀请她的仙子参加她的七岁生日派对。埃里克森回

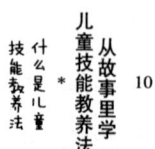

信婉拒了邀请,他说,很遗憾不能参加她的七岁生日派对,因为他是她六岁的仙子,不是七岁的。

这个例子给我的启发是,关注孩子而不是环境;强调学习,并使用奇幻故事,可以创造神奇的效果。

埃里克森完全地专注孩子而不是家长。他不同于一般的治疗师,并没有"要改变孩子,首先要改变产生问题的家庭环境"这样的预设。他认可问题在表层的表现,仅仅关注这个女孩子本身。然而,尽管看似仅仅在女孩子身上做了一点儿功课,他的方法最终还是会影响到家长和孩子身边的人。

儿童技能教养法秉承了同样的理念。虽然主要聚焦在帮助孩子克服问题,但整个过程也会对家长和介入其中的其他人产生深刻的影响。

学习技能的主张一直作为主线贯穿在埃里克森的工作中。作者西德尼·罗森在评论这个故事时写道:"埃里克森刻意回避使用'禁止'、'应该'和'规则'之类的字眼。他总是强调学习的价值。在他而言,强调纪律并不需要用严苛的方式,事实上,他会用一些很搞笑的方式来呈现它们。在所有的故事里面,埃里克森都表现得坚定而不惩罚。他的目的旨在帮助孩子探索他自身的愿望,发展他的自治能力。"运用六岁的成人仙子是这个故事里最关键的元素。孩子们总是被那些幻想中的生物所陶醉,他们很乐意跟这些生物沟通。儿童技能教养法汲取了这一想法,允许孩子们选择一个想象中的存在去帮助他们学习技能,从而让整个学习过程充满乐趣。

杰伊·哈利

米尔顿·埃里克森的工作激励了很多从事简快治疗的先驱者。杰伊·哈利（2007年去世）就是其中之一。 杰伊·哈利是一位家庭治疗师，他称自己的方法为"战略治疗"。他的方法虽然专注于孩子，却能带动整个家庭关系的深刻变化［参见哈利的著作《离家：对心理失常的年轻人的治疗》（Leaving home: the therapy of disturbed young people），布伦纳/梅泽尔，纽约，1997］。

我最初接触这个理念是20世纪80年代早期，那是在特拉维夫的一次家庭治疗研讨会上，哈利通过播放一个案例的录像来解释他的治疗方法。 之所以在这里转述这个故事，是因为我相信这个故事在儿童技能教养法的形成中扮演了重要的角色。

接受治疗的家庭是因为他们十二岁的儿子——姑且称他杰克吧——对点火十分着迷。杰克的问题非常严重，已经引起了三四次严重的火灾，造成了财产损失。在这个家庭中，父亲是个原则性很强的意志坚定的军官，他跟儿子的关系已经到了水火不容的程度，好像随时准备跟这个孩子脱离父子关系。妈妈是比较温和的人，一讨论到那些困扰的问题时就会落泪。杰克则一直默不作声，似乎对自己的所作所为感到有些尴尬。了解到足够的信息以后，坐在单向镜背后做指导的哈利通过电话建议场上的治疗师从"孩子没有能力掌控火开始入手"。治疗师随即离开房间，回来时手上拿着一只金属碗、一些纸张和一盒火柴。"让我们给你做个测试吧，"治疗师说，"看看你有没有控制火的能力。"治疗师请杰克点火和灭火，杰克照着做了。刚刚做完，

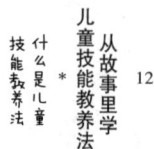

治疗师就故意挑剔地说："你做得很不好。在这个过程中,你犯了至少六个错误。"然后,治疗师一一指出杰克所犯的错误,比如,拿火柴的手离火苗太近,眼睛没有一直盯着火,灭火的方式太危险了……所以他的结论是,杰克需要学习如何更好地控制火。这时,治疗师转向杰克的父亲,问他是否愿意接受这样一份工作,亲自教会自己的儿子掌握安全点火灭火的方法。爸爸欣然同意,而后他们一起全情投入地制订了一份严格的训练计划,计划规定爸爸每天会花上一个小时的时间教导孩子有关安全用火的事宜,比如如何安全地给壁炉生火,如何点燃篝火,怎样处理火柴,怎样使用点火器,以及如何使用灭火器,等等。训练计划做得极为精细,爸爸对于能够成为儿子的老师显得很是骄傲。从后续约谈的一个视频小片可以看出,杰克非常享受跟着父亲学习如何控制火的过程。爸爸也很满意自己的所作所为:他不再只是跟儿子发脾气,而是能够尽心尽责地帮助儿子成长了。最令人感动的是,在后期记录的视频里,杰克看上去很活泼,也很开心,他转向治疗师,问道:"我现在可以跟爸爸一起做一些其他的什么事吗?"

据说这个治疗非常成功,连续几周,爸爸和儿子每天一起用心练习,直到杰克完全掌握了安全用火的技能,成为一个小专家。这样的一个过程,让杰克彻底地释放了对火的痴迷,也让他和爸爸建立了亲密的关系,与此同时,两个家长也从"凡事顶牛"开始趋向"齐心协力"了。

这里我们再一次看到,辅导的聚焦点并不在家庭,而是在孩子本身。虽则如此,辅导还是对家庭成员之间的关系产生了影响。

这个故事的另外一个特点是,杰克的问题——他对火的痴迷——被重新诠释为缺乏对火的了解和控制,需要学习。

儿童技能教养法依照同样的逻辑。通过聚焦孩子本身，确认孩子需要学习的技能，然后把孩子的家长和身边重要的成员聚拢起来，帮助孩子学习技能，如此，不仅可以对孩子产生正向的影响，也带动了孩子身边的整个氛围。

仁书·金·伯格和史蒂夫·德·沙泽尔

焦点解决治疗是受米尔顿·埃里克森的理念启发所形成的另外一个心理治疗学派。这种形式的治疗是20世纪七八十年代由史蒂夫·德·沙泽尔（1940~2005）和仁书·金·伯格（1934~2007）带领的一个治疗师团队开创的位于密尔沃基（Milwaukee）的简快家庭治疗中心发展出来的。焦点解决方案的治疗是心理治疗的一个分支，它不关注问题以及什么引发了这些问题，而是关注目标，也就是关注客户期望取得什么结果，以及如何取得这个结果。

在焦点解决治疗中，治疗师的第一个任务就是去发现客户自己觉得怎样才能获得最好的结果。比如说，"怎样才能让这个状况在将来变得好一些呢？"这个问题就是焦点解决治疗第一次约谈中的一个经典问题，可以帮助了解客户的目标是什么。一旦对客户想要的结果有了比较清楚的了解，治疗师就能推动和帮助他们取得他们想要的结果。

儿童技能教养法秉承类似的理念，只是把那个初始问题"怎样才能让这个状况在将来变得好一些呢？"稍做修正，直接变成："为了让这个状况在将来变得好一些，你需要发展一个什么样的技能呢？"这种细微的修正是因为我们观察到：当你使用焦点解决的方式跟孩子互动时，在回答所期望的结果时，无一例外的都是期望孩子改变他／她的行为，或者确切地说，学会用不同的回应方式或行为方式去处理某种特定情境的新技能。

焦点解决治疗的另外一个特质是抓住每一个细微的进步。"最近都有哪些改善呢？"或者问，"有没有什么时候状况变得好了一些呢？"都是一些典型的问题。这些问题的提出能够帮助人们看到自己点滴的进步，或者将讨论转向客户是如何成功地引发改变的。关注进步也是儿童技能教养法的特点之一，让孩子在谈论他的技能，以及练习和展示他正在学习的技能时，得到很多的正向关注。

迈克尔·怀特和大卫·爱普斯顿

另外一个带给我们灵感的心理治疗学派是由两位先驱——澳大利亚的迈克尔·怀特（1945~2008）先生和新西兰的大卫·爱普斯顿先生开创的叙事心理治疗学派。20世纪80年代中期，我们看到一篇由迈克尔·怀特写的题为"伪大便失禁：从崩溃到胜利，从恶性到良性的周期"（怀特，1989）的文章。在这篇具有里程碑意义的文章里，他描述了一个充满趣味的家庭治疗的方法，这个方法是怀特先生设计的用来帮助那些大便失禁或因为拒绝去洗手间而弄脏污衣裤的孩子。他的方法是把孩子的问题怪罪到一个想象的名字叫"小鬼便便"（Sneaky Poo）的生物头上，因为它是管孩子们上厕所的。这个文章系统地描述了治疗的步骤，以及家长如何支持孩子去战胜这个"小鬼便便"。这个游戏包括几个行为环节：比如从"小鬼便便"对孩子发起攻击的地点迅速跑到附近的卫生间；设定一个吃过饭就去卫生间坐上20分钟的例行规矩；给孩子创造一个更强大的生物（比如老虎）去支持他打败这个"小鬼便便"。

怀特先生说这个方法的治疗结果令人惊喜，却与从前精神科关于孩子大小便失禁的治疗所倡导的方法大相径庭。他的新方法为我们寻找在家庭和朋友的协助下，用充满乐趣的方法帮助孩子克服问题方面奠定了基础。那些熟悉这个被称为"外化问题"（externalizing the problem）方法的读者将会体会到叙事治疗给儿童技能教养法带来的影响。

* * *

应该提到的是，除了上述这些专家的影响，儿童技能教养法还受益于那些曾经跟我们一起工作的家长和孩子，他们提供了许许多多有创意的点子。

Part 2 儿童技能教养法的分步介绍

十五步儿童技能教养法

　　如果你不熟悉儿童技能教养法的步骤，在阅读故事前，建议你先阅读本章的内容。清晰地了解这些步骤，能够帮助你更好地理解故事中使用的帮助孩子克服问题的方法背后的原理。

Step1. 把问题变为需要学习的技能

儿童技能教养法是协助和支持孩子学习技能的。因此，如果孩子有什么问题，第一件要做的事是，为了克服这个问题，他需要学习什么，或者他需要在哪方面变得更好一点儿。比如，一个喜欢大喊大叫的孩子，或者一个讲话声音太大的孩子，需要学习的技能就是温和地讲话，或者平静地讲话。同样地，一个边吃边玩的孩子所需要学习的技能就是学会规规矩矩地吃饭。这些都是非常简单的例子，你可以从问题下手，直接找到要学习的技能。不过，现实生活中的情形远比这个复杂。帮助一个有问题的孩子找到相应的需要学习的技能是一件非常微妙的事，有时需要做很多的思考。

首先，孩子有时可能有很多的问题。如，这个孩子可能总是抢先，老是打断大人的讲话，还无法专注地做事情。你需要做的就是，先把这些问题列出一个清单，再一个一个地把它们转化成能够帮助孩子克服问题的技能。如此，问题就变成了可以运用儿童技能教养法的基本技能清单了。

第二点，也是非常重要的一点是，要学习的技能不能是"不去做什么"，如，"我不再说脏话了"、"我不大声喊叫了"，或者"我不打人，不骂人了"，而是"要去做什么"。这一点之所以如此重要是因为，为了保证有效的技能学习，所学习的技能必须是"可做的"，也就是说，是孩子可以展示或练习的。孩子没有办法展示或者练习"不骂人"、"不喊叫"，或者"不打人"，但是孩子可以展示和练习相应的技能："用礼貌的语言"、"温和地讲话"，或者"在有激烈冲突的时候保持冷静"。

第三点，知道孩子有什么问题，并不等于知道孩子需要学习的技能。比如，同样一个有攻击行为的孩子，他需要学习的技能可能是"学习接受被拒绝"，另一个则是要学习"用语言表达他的愤怒"。找对孩子需要学习的技能对于帮助孩子克服某种问题至关重要，而理解孩子问题的本质对于确认孩子需要学习的相应技能则是非常必要的。

最后，需要指出的是，为了让孩子学习技能，并不总是需要去确认他们的问题。如果从"为了让孩子在家里更开心，在学校更快乐，或者能跟小朋友相处得更融洽"这样的角度出发，同样可以开始有趣的技能学习。

Step2. 跟孩子达成一致

如果要学习的技能是孩子自己提出来的，运用儿童技能教养法来支持他们的技能学习就能获得最佳效果。但是，关于孩子首先应该学习什么技能，家长、老师以及其他的成年人显然也会有自己的想法。在这种情况下，要学的技能必须征得孩子的同意，才能使他真正成为技能学习的主人。

为了跟孩子达成一致，可以问一问孩子，他自己想学习什么技能，也可以给孩子提一些建议。征求孩子的意见时，不妨这样说："有没有什么东西或者能力，你觉得比较难，但希望自己能够学到，或者愿意掌握得再好一点儿的呢？"如果你想把你自己的建议提供给孩子，可以这样说："我（或者我们）想让你学习……或者希望你能在……方面变得更好……"

孩子都很清楚自己的弱点，他们通常都知道自己需要学习什么技能。"我需要学习记得做作业"，或"我需要学习安静地坐着"。当孩子被问到需要学习什么技能时，一个小学生很可能会这样回答他的老师。如果学习技能的想法是孩子自己提出的，学习的动力会比来自大人的建议强很多。

年纪小一点儿的孩子对来自家长或老师的建议会有比较好的回应。"宝贝儿，妈妈和爸爸觉得你已经足够大了，可以学着整晚在自己的床上睡觉了。我们想让你学习这个本事，儿童技能教养法可以帮你做到。"家长和老师有权利清楚地表达自己对孩子的期望。当他们用一种很尊重和温和的方式表达他们的期望时，孩子们通常都会很配合。

还有很多的方法可以增加孩子对接受学习技能的建议的意愿度。比如，可以在家庭里搞一个所有家庭成员都参与的技能学习的游戏，也可以在整个班级做这个游戏，让每个孩子都找一个可以学习的技能。如果其他人也要做，孩子们一般都不会反对技能学习。另外，跟孩子表达你的建议时，使用"我们"比"我"更能让孩子接受："你的妈妈、爸爸，还有我（孩子的老师）讨论了你的状况，我们觉得对你来说，能够掌握……是一件很有意义的事情。"即使是给孩子提建议，如果能够留有一定的余地让孩子自己决定具体学习什么技能，对提升他们的意愿度也是非常奏效的。"你看，这些技能是我们觉得对你有帮助的。你觉得呢？哪一个是对你最重要的呢？或者你觉得还有什么其他的比这些更重要的是你想学习的呢？你的朋友们有什么好的建议吗？"

Step3. 探索学习技能带来的好处

挖掘学习技能的好处是获取学习动力的主要来源。"你能从技能学习中获得什么呢？""为什么学习这个技能对你这么重要？""为什么大家希望你学习这个技能？"这些问题能够帮助孩子意识到学习技能的好处。

家长、朋友和老师也可以告诉孩子一些他暂时还没有能够看到的好处，帮助孩子提升学习技能的积极性。列举这些好处的时候，除了大人眼里的好处，也要包括给孩子本身带来的好处，比如，让他变得更受朋友的欢迎，或者有更多的时间做自己喜欢的事，玩自己喜欢的游戏。

对于孩子来说，必须让他意识到，学习技能是一件非常值得和有回报的事，他才会真的愿意学习。所有在孩子身边的人都可以帮助孩子看到这些好处。

Step4. 给技能命名

一旦跟孩子就需要学习的技能达成一致,就可以请孩子自己给技能起个名字了。名字可以是描述性的,或者是趣味性的,也可以是很怪异的,怎样都行,只要是孩子自己愿意起的。让孩子自己给技能命名能够把孩子更深地带入到游戏之中,让孩子成为技能学习的主人。孩子也会更加喜欢这个学习,并为此感到骄傲。下面的这段对话是一个孩子给技能起名字的例子,由瑞典海纳桑德(Härnösand)小城的一个老师汉斯·柯拉桑(Hans Klasson)提供的:

"你希望在哪方面变得好一些呢?"汉斯问斯蒂芬。
"我想变得能够在教室里待上一整天。"斯蒂芬回答。
"待在教室里一整天?"汉斯看上去有几分困惑。
"我每天都被请出教室,我不喜欢这样,一点儿都不好玩。"斯蒂芬解释说。
"嗯……这个……你想变得能够在教室里待上一整天的技能,你打算怎么称呼它呢?"
"三条腿的马。"斯蒂芬很老实地回答。

"三条腿的马？嗯，这是个很特别的名字。你是怎么想到这个名字的呢？"汉斯问道。

"一匹只有三条腿的马就会老老实实地待在那里，它没法到处跑啊。我就是想学会好好地待在那里。"

如果孩子觉得一时想不起什么好名字，也没关系。在下一个环节里，我们要跟他一起找到他的魔法宝贝来帮助他学习技能。通常找到魔法宝贝后，技能的名字就会自己跳出来。

Step5. 魔法宝贝（Power creature）

让孩子选择一个可以帮他学习技能的魔法宝贝。这个魔法宝贝可以是任何东西，可以是一个动物、一个特别的物件、一个卡通人物、一个想象中的朋友，甚至是超人。比如，老虎、口袋妖怪、蜘蛛侠、马拉多纳，等等。魔法宝贝是孩子内在力量的一个象征。在整个的技能学习过程中，借助这个力量的象征可以用各种富有创意的方式帮助孩子。比如，魔法宝贝也许可以就如何练习技能帮孩子出些主意,也可以鼓励孩子的点滴进步。有时候,它还可以提醒孩子的技能学习。

隐形的力量可以帮助自己学习,并克服困难,这样的想法在孩子们看来是非常自然的。在生命成长的有些时期,大多数孩子都有自己想象的朋友,他们会跟这些想象中的朋友谈话、玩耍。这些想象中的朋友在孩子们有困难的时候也能帮助他们克服这些困难。

孩子们需要魔法朋友的帮助,也需要身边真实的支持者。儿童技能教养法的下一步就是去集结孩子身边的支持力量。

Step6. 招募支持者

为了能够让孩子学习技能,或者改善他已经有的技能,有孩子身边重要的人的支持、帮助和鼓励是非常重要的。要让孩子自己决定他想招募哪些人来做他的支持者,鼓励他的技能学习。支持者中不仅要有成年人,也要有小孩子,比如他的朋友们或者兄弟姐妹们。

这些支持者非常重要,他们可以用很多的方法在孩子的技能学习过程中鼓励和支持孩子。比如：

* 赞赏孩子学习这项特殊技能的决定；
* 帮助孩子看到技能学习带来的诸多好处；
* 对孩子的进步感兴趣,显示关注；
* 恭贺孩子取得的成就；
* 就如何学习技能给孩子出主意；
* 需要时,提醒孩子；
* 当孩子学成之后,跟孩子一起庆贺。

仅仅列出支持者的名单还不够,还需要来到那些支持者的身边,跟他们一起做计划,看看他们能够怎样支持孩子的技能学习。

如果在孩子的身边很难直接找到支持者,可以考虑让孩子们组成学习小组,彼此支持,或者邀请另外的曾经学过儿童技能教养法的孩子来做支持者。

Step7. 建立信心

为了让孩子愿意付出努力去学习这个特殊的技能,需要让孩子有足够的信心,相信他一定能做到。孩子的天性都是乐天的,如果问他们"你觉得你能学会这个技能吗?"通常都会给你肯定的回答。不过,如果他们试过几次都没成功,可能就会失去信心,感到沮丧和灰心丧气了。他们会觉得自己有什么问题,或者觉得这个技能对自己来讲太难了。

为了让孩子保持信心,我们需要跟他们探讨一下让他们对技能学习有信心的依据是什么。比如,可以这样问他们:"你相信自己能够学会这个技能吗?"在得到肯定的回答后,继续问,"是什么让你觉得有信心呢?"还有一个比较好的方法,就是去问孩子的支持者,让他们告诉孩子,他们看到、听到或者知道孩子的一些什么特质或事实,使得他们确信孩子一定能够掌握这个技能。已经证明,这个简单的过程——让支持者告诉孩子他们相信他的理由——是鼓起孩子勇气和信心的一个极其有效的方式。

Step8. 策划庆祝

庆祝是儿童技能教养法的一个亮点。孩子不仅热爱派对,他们也热爱为派对做计划。按照儿童技能教养法,庆祝技能学成的活动是需要在开始跟孩子做技能练习的计划之前拿出来一起讨论的。这样做等于给了孩子一个暗示：他一定能掌握这个技能的。

你可以这样问孩子："学好了这个技能之后，你打算跟你的支持者做些什么好玩的事？你想让我们给你举办一个庆祝会吗，还是更愿意做些不一样的事？"一旦孩子对这个主意感兴趣了，你就可以花些时间跟孩子一起把细节敲定，比如你可以这样问："你想在哪里做呢？""都邀请谁呢？""需要准备哪些食品和饮料呢？""你希望我们为你做些什么呢？"或者"你想怎么布置庆祝会的房间呢？"

大多数情形下，孩子都会对庆祝会的提议感到兴奋，但是也有些例外，特别是那些青春期前的孩子，或者他觉得自己的问题有些尴尬时，就会拒绝这个提议。在这种情形下，可以考虑用另外的方式来替代，比如只是跟自己的父母在一起做些孩子喜欢的事情就好了。

庆祝会确实是一件额外的激励，它能够显著地激发孩子的学习动因。然而，庆祝会也绝不仅仅是奖赏孩子那么简单，它还是一个重要的社交活动。从长远来看，它帮助孩子在走向成熟的路上迈出标记性的一步，借由这样的社交活动可以让孩子学会用适当的方式向他的社交圈传达他的成就。

Step9. 清晰技能的定义

即使孩子自己已经同意要学习某种技能,他们也有可能并不清楚这个技能实际上到底意味着什么。因此,有必要跟孩子探讨一下,如果掌握了这个技能,他们的行为是什么样子的。

如前所述,为了使儿童技能教养法真正有效,所要学习的技能必须是"可做的",也就是说可以让孩子表演出来。学会了这个技能后,在特定场合下他的行为是什么样的,或者他是如何应对的。用角色扮演的方法来清晰技能的含义是一个好玩也有用的做法。还可以跟孩子一起仔细策划一下,看看在实际生活中,如何表现出这个技能:在哪里,跟谁在一起,什么场景下,怎么做。如此使大家都清楚地知道所学习的技能在实际生活中是如何体现的。

你可以用下面提示的这类问题来请求孩子展示他的技能:

* "你能给我表演一下吗?学习了这个技能以后,如果有人对你挑衅时,你会怎么做呢?"
* "让我们看一看,学会了规规矩矩吃饭的这个技能以后,你会怎么吃饭呢?"
* "我想看一看你是怎么专注的?要是你的朋友在课堂上试图分

散你的注意力，你会怎么做呢？"
* "让我看看当你学会了为自己所做的事情感到开心和骄傲时，你是什么样的？"
* "你能给我展示一下指甲女王的技能吗？我想看看你是怎么照顾你的指甲而不去咬它们的？"

Step10. 广而告之

孩子通常都不喜欢其他人谈论他们的问题，但是，大多数情况下，他们都不反对让他的伙伴和那些重要的大人们知道他们正在学习新技能。这样我们就可以"广而告之"，让大家都知道孩子正在学习的技能。

"广而告之"的好处是孩子有可能得到身边社交圈里的更多人的关注和鼓励。另外一个好处是，如果这个孩子以前因为什么问题落下了不好的名声，让大家都知道他在认真努力试图改变坏的行为，可以帮助孩子恢复名誉。

"广而告之"的方式包括：把自己的练习本展示给别人看，把学习技能的海报贴在教室的墙上，或者贴在冰箱的门上，甚至贴到饭桌的餐盘垫儿上。

值得注意的是,有些情形下因为某种可以理解的原因,孩子并不愿意把技能学习这件事"广而告之"。比如,有些孩子只想让他们的父母而不愿意他们的朋友知道,青春期的孩子有时候则只想让他们的朋友来支持自己的技能学习。"广而告之"不是必需的一步,它只是作为一个选择,做与不做一定要尊重孩子本人的意愿。

Step11. 练习技能

为了让孩子发展新技能,或者改善已经有的技能,孩子需要不断地练习,去一遍一遍地展示自己的新能力。有时候你会发现,有些跟社交和情绪相关的技能似乎很难找到合适的练习方法。所幸的是,孩子总是比我们想象得富有创意,他们能够想出很多的方法,诸如角色扮演、做游戏或者其他一些练习来训练自己的技能。如果孩子感觉实在找不到方法了,你也可以跟孩子分享你的主意,或者鼓励孩子去咨询他的支持者,看看如何找到好的方法来学习技能。

Step12. 提醒

运用儿童技能教养法的时候,我们会使用"一时忘记了"这样的表达来取代"倒退"或"故态复萌"之类的描述。这样的理念来自于一个事实:一般来说,在我们开始学习一项新技能的时候,总会有一些做不好的时候。这种现象是很正常的,没必要把它看成是倒退,只要把它简单地看成是"一时失去了技能"或者说"突然忘记了技能"就可以了。

将"故态复萌"看作是"一时的忘记"会带来特别的好处。我们在这里特别使用了"忘记"这个词是为了引出一个有特殊意义的讨论,即"万一孩子一时忘记了所学习的技能,该怎么提醒他呢?"

千万不要这样对孩子讲话:"要是你再做这样的事(出现行为问题),别人该怎么对待你呢?"而是要这样问:"要是你不留神儿,一时忘记了你在学习的这个技能(没有按照你想要的行为去做),你希望别人怎么来提醒你呢?"这样做是为了让孩子自己找到一个方法,告诉他的支持者,当这些不可避免的状态出现时,希望别人怎么去提醒他。这样的做法也可以帮助孩子和家长在孩子一时失去技能时,不致陷入失望或者低落的情绪中。在儿童技能教养法中这一步也是非常重要的。

Step13. 庆祝会

还记得我们曾经跟孩子达成过的一个协议吗？一旦掌握了这个技能，或者技能足够熟练后，就要举办一个庆祝会。这个庆祝会是一个仪式，借助这个仪式可以向所有关心孩子的人宣称：孩子已经掌握了这个新技能！庆祝会上的一个重要内容是让孩子跟所有在他的技能学习中支持过他的人道谢。"都谁帮助过你学习技能了呀？""他们都是怎么帮助你的呢？"还有"你想怎么谢谢他们呢？"这样的一些问题可以帮助孩子意识到，在他走向成熟的人生道路上，身边的人们是如何帮助到他的。

对支持者的帮助表示感谢不仅仅是一个优雅的举止，表达感激本身也是帮助你获得社会认可的重要一部分。借此机会，还可以表达对那些支持自己在成长道路上迈出如此重要一步的支持者的尊重。

万一孩子没能在一段时间内取得预期的进步，也许就该回到第九步去看一看，是否应该把技能分解成更小的部分，再次深入挖掘拥有新技能带来的好处，想方设法让学习过程变得有趣和有回报，并确定孩子身边关键的成年人能够在孩子的学习过程中给予足够的合作。

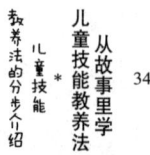

Step14. 传授技能

强化新技能的一个有效的方法就是让孩子有机会把这个技能传授给其他孩子。能够去传授技能,会让孩子感到非常骄傲。除了提升孩子的自信心,传授技能本身也是一个很好的学习,可以强化孩子对新技能的掌握。

孩子天生有学习的需求,也有教授他人的需求。能够把本领教授给其他的孩子,比如他的朋友或者他的兄弟姐妹时,会让他感到自己很有用、很有价值。所以,如果我们想让孩子学习什么东西,就应该注意到这一点,想法给他创造机会去教授其他孩子。

Step15. 下一个技能

孩子一旦掌握了一个技能,通常就会看到另外一个要学习的技能。 成功掌握技能的积极体验能够让孩子有动力和信心去学习新的、通常是更具挑战的技能。

儿童技能教养法案例解说

下面这个故事可以帮助了解儿童技能教养法的每一步。故事中的治疗师叫伍尔夫·哈马斯楚姆（Ulf Hammarström），来自瑞典的阿灵索斯市（Alingsäs），他的工作是帮助学校管理"问题儿童"。八岁的约翰因为各种问题被送到他这里接受帮助。约翰是个有攻击性的孩子，他打人、破坏东西、没有片刻的安宁，无论在学校，还是在家里的餐桌上他一刻都坐不住。

在跟约翰约谈之前，伍尔夫决定先跟关心约翰的成年人见上一面。出席会议的有约翰的父母、老师和学校校长，以及来自课后托管中心的两位工作人员。会议伊始，大家的谈话一直都围绕着约翰的问题。伍尔夫冒昧地请他们把注意力从问题转向所要学习的技能，他问出席会议的各位，约翰需要学习什么技能才能克服他现在的这些问题。

* **发现要学习的技能**

出乎伍尔夫意料的是，没用多长时间，大家就达成一致：对于约翰来说，最重要的一个技能就是学会安静地坐着。大家的共识是，如果约翰能够掌握了这个特殊的技能——也就是说，他能安静下来——这对他克服其他问题都会有很大的帮助。

* **跟约翰达成一致**

会议之后的当天，伍尔夫就在学校约见了约翰。他很坦率地告诉了约翰关于他的讨论,并且对他解释说,大人们都觉得,学习安静地坐着对他是非常重要的。约翰非常明白自己的问题,他立刻同意说:"是的,我愿意变得安静,表现好一些。"

*给技能起名字

当伍尔夫问约翰想给这个技能起个什么名字时,他回答道:"脚蹼鸭。"伍尔夫从来没听说过什么"脚蹼鸭",于是问道:"为什么是'脚蹼鸭'?"

"因为脚蹼鸭总是不急不躁。"约翰答道,连眼睛都没眨一下。

*技能的好处

对于约翰来说,找到掌握"脚蹼鸭"技能的好处一点儿都不费事儿:他可以不再打碎东西了;他不再跟小朋友打架了;他不会乱扔食物了;还有,他会有朋友,他们不再怕他了。

*选择支持者和魔法宝贝

约翰想要招募很多的支持者,他列出了很多人来做他的支持者:他的父母、祖父母、帮教父母(由社会服务机构指定的)、老师、校长,还有上午参加会议的两位课后托管中心的工作人员。除了这10个成年人,约翰还想要他的两个朋友和他的狗狗来做他的支持者;他把魔法宝贝的殊荣给了自己的猫咪古斯塔乌。

*万一忘记了

伍尔夫和约翰也谈到万一忘记了技能该怎么办的问题。伍尔夫说,尽管非常努力,约翰有的时候可能还是会忘记这个技能,会觉得坐不住想要到处乱跑。约翰明白这一点的重要性,他提议说,如果他"浑身发痒"——他这样形容自己的焦躁不安——他就一直想着他的猫咪古斯塔乌,把这一阵子的骚动不安给撑过去。

* 建立信心

后来,伍尔夫又邀请了约翰的所有支持者开了一次会,做个计划,看看大家要怎么支持约翰练习技能。约翰发现,他的支持者都对他充满信心。他们说,其实约翰以前学会了很多的技能了,也有很多的人愿意帮助他学会这个技能。

* 练习技能

约翰开始在学校和家里训练"脚蹼鸭"技能。在支持者的关注和鼓励下,约翰"静坐"的时间在一点点地加长。有父母和小猫咪古斯塔乌的支持,约翰把每天在家里吃早饭的时间,都当成是自己训练"脚蹼鸭"技能的好机会。约翰在飞速地进步着,仅仅两周的时间,伍尔夫就接到学校老师的反馈说,约翰在学校已经变得安静多了。

* 庆祝

四周以后,大家聚到一起给约翰办了一个庆祝会。所有的支持者都来了,他的朋友们还给他带来了小礼物,令他喜出望外。约翰说,他喜欢这个项目,他已经变得比从前安静了很多了,特别是他还学会了怎么让大人在自己失去技能甚至自己有暴力的情况下帮助自己。

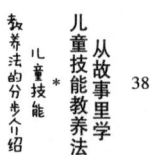

Part 3 儿童技能教养法

帮助不同年龄的儿童

跟马桶"讨教"控制撒尿

三岁男孩，挪威

提供这个故事的伊瓦·豪格（Ivar Haug）来自挪威，他在挪威的奥斯陆有一个自己的公司SFO－net，专门给奥斯陆的全日制幼儿园或半日制课后托管中心的老师做培训和督导。这个故事显示，稍稍加入一点点创意和游戏的部分，儿童技能教养法也适用于三岁以下的孩童。这个故事还说明，你可以很灵活地运用儿童技能教养法，不必严格执行15步，根据情况适当地施加相关的步骤，就能收到意想不到的效果。

伊瓦在给幼儿园老师做督导时，了解到三岁的阿里尔德有尿裤子的毛病。

"可不可以用儿童技能教养法来帮助这么小的小孩子呢？"一个老师问。

阿里尔德并不是这个幼儿园里唯一一个有这类问题的孩子，其他的孩子偶尔也会发生这样的事，但阿里尔德每天都会尿湿裤子，甚至有时会一天两次。

"原则上来讲，儿童技能教养法适用于任何状况。只要能够找到一个相关的技能，孩子通过学习这个技能就能克服那个问题的话，就可以一试。"伊瓦回答，"你们觉得阿里尔德需要学习什么技能才能不再尿裤子了呢？"

经过一番思考，加上跟家长的沟通，老师们得出结论：阿里尔德需要在一天里，时不时地停下来去倾听自己的身体，感受一下自己有没有上厕所的冲动。如果有，就要立刻去洗手间。他们解释说，阿里尔德是个非常活跃的孩子，他老是忙个不停，完全没时间去想上厕所的事。

"听起来这倒像是阿里尔德需要学习的技能，"伊瓦说，"他应该在什么时间停下来倾听自己的身体呢？"

老师们觉得，每当变换活动的时候，阿里尔德应该学着停下来，倾听一下自己的身体，比如，在大家要出去户外活动，或者户外活动结束后回到房间,或者是要吃午饭的时候。

"嗯,非常有道理。你们觉得他会同意学习这个技能吗?"

老师们觉得他们也许可以试着让阿里尔德同意学习这个技能。

"你们会怎么帮助他来学习这个技能呢?"伊瓦问。

一个老师说,"我们可以跟他约定一个'暗号',每过一段时间,我们就用这个'暗号'来提醒他停下来倾听自己的身体,这样他就可以知道自己该不该上厕所了。"

"对呀,"另外一个老师说,"我们可以跟他约定,一旦收到这个'暗号',就立刻去厕所,站到马桶的前面,去感受一下自己的身体,看看自己想不想撒尿。"

"听起来是个不错的主意,应该有效。"伊瓦说。

"嘿,我知道该怎么做了,"第一个出主意的老师眼睛里闪着亮光,像是有了更棒的点子,"我们可以让他去跟马桶聊一聊,让马桶告诉他是不是该撒尿了。"

第二天,老师就把这个主意跟阿里尔德说了。阿里尔德同意去学习这个"倾听自己身体"的技能,并且觉得"跟马桶聊一聊"这个主意很新奇好玩。从那天起,每当孩子们要出去到院子里玩耍,或者刚进房间,或者要吃午饭的时候,或者要去睡午觉之前,都会有一个老师用"暗号"提醒阿里尔德"跟马桶聊一聊的时间到了"。接到"暗号",阿里尔德就会走进洗手间,站到马桶前面问:"你需要我的尿尿

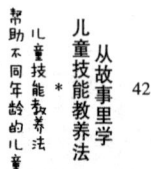

吗？"要是"马桶"回答说："不要,现在还不要！"他就离开；要是"马桶"说,"是的,给我一些吧",他就脱下裤子给马桶一些它所需要的尿尿。

阿里尔德非常享受这个游戏,仅仅用了两个星期的时间就改掉了尿裤子的毛病。另外,其他有类似毛病的小孩子看到阿里尔德能够跟马桶聊天,也争相效法。结果,仅仅几周的时间,整个幼儿园小朋友尿裤子的问题就成为了历史。

学会乖乖回家

四岁男孩,芬兰

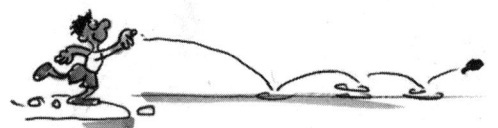

这个故事是由芬兰的一位幼儿园顾问帕伊维·萨丽-维萨(Päivi Saari-Vesa)提供的。帕伊维住在芬兰的小城诺基亚,她的工作就是为那里的幼儿园老师提供咨询,帮助他们处理幼儿园里孩子和孩子们的家庭所出现的各种问题。这是个关于四岁男孩的故事。幼儿园的老师说,这个孩子有很多的问题,但最头疼的问题是每天父母到幼儿园接他的时候,他都磨磨蹭蹭地不肯穿衣服回家。这个故事提供了另外的一个范例,即如何使用儿童技能教养法来帮助小小孩,以及如何跟家长合作来使用这个方法。

当帕伊维听到威立奥的问题时,立刻建议请威立奥的家长来幼儿园一起开个会,并打算给他们介绍儿童技能教养法。除了帕伊维,参加会议的还有专门负责威立奥的阿丽老师和他的家长。帕伊维给大家讲解了儿童技能教养法,威立奥的家长对此显示出很大的兴趣。阿丽老师于是建议,威立奥需要学习的技能是在家长来幼儿园接他的时候尽快穿好衣服,跟爸妈回家。威立奥的爸妈自然高兴,表示愿意全力跟老师配合,帮助威立奥掌握这个技能。帕伊维给了他们一本小册子,让他们去仔细思考每一步的细节。

第二天,阿丽老师找到威立奥。

"我们昨天见到你的爸爸妈妈了,"阿丽老师这样开头,"我们都觉得,有一个很不错的本领,你应该学会。就是说,如果你能学会每天在爸爸妈妈来幼儿园接你的时候迅速穿上衣服跟他们回家,对你会比较好。你觉得呢?学习这个本事好不好呢?"

威立奥点头同意。

"你能说一说学习这个本事对你有什么好处吗?为什么你要学习很快地穿好衣服呢?"老师希望威立奥能够自己意识到学习这个技能的好处。

威立奥想了一想,给出了自己的答案。他是个非常渴望开汽车的孩子,所以他的答案跟他自己对汽车的兴趣有关。他说,如果能够快一点儿穿上衣服,他就能比弟弟早一点儿进到汽车里,就能保证坐到最好的座位上。还有,要是能早一点儿回家的话,他也能够在晚饭前有时间跟小朋友在院子里玩一会儿。威立奥想到的好处越多,对学习这个本领的兴趣就越大。

"那你想给这个技能起个什么名字呢?"阿丽老师问他。

"汽车技能",威立奥答道,再次显露出"汽车迷"的本色!

"好啊! 你还可以选一个魔法宝贝来帮助你学习你的'汽车技能',比如你可以选一个小动物或者什么来做你的魔法宝贝,"老师说,"你愿意选什么呢?"

威立奥有一个软软的特别可爱的毛绒小老虎,每天睡觉都要抱着它睡,走到哪里都带着它。所以威立奥就选了这个小老虎来做他的魔法宝贝。他把小老虎画在自己的练习册上。老师给他解释说,在他学习这个本事时,小老虎可以给他学习的力量。

"你看,威立奥,这里有一个太阳,还有很多太阳光的射线,"老师指着儿童技能教养法练习册的一页说,"我们可以把所有你希望支持你学习'汽车技能'的人名都写到这些横线上的空白处,你都愿意请谁来帮助你呢?"

妈妈、爸爸、弟弟、幼儿园里其他的一些孩子,还有幼儿园里的一个威立奥最喜欢的年轻老师……他很快就填满了支持者的这一页。

"你知道的,威立奥,"阿丽老师解释说,"老师们都相信你能学会这个'汽车技能',因为你本来就是个很有技能的小孩儿。你还有这么多的支持者,你的爸爸妈妈都说过要帮助你。你看这里,有一整页来让你的支持者为你画画,或贴上贴画,或写上一些鼓励的话来支持你学习呢。一旦你学会了这个技能,我们还可以给你办一个庆祝会,你觉得怎么样?"

"耶!"威立奥喊起来,眼睛里闪着亮光。

"好吧,你想要什么样的庆祝会?"

威立奥有他的主意:他想在湖边办一个庆祝会,大家可以一起玩游戏,还要把热狗串在扦子上,在火上烤着吃。

"听起来不错哦!"阿丽老师说,"现在让我们想象一下,你已经学会这个本事了,你妈妈来接你,你要迅速地穿好衣服跟妈妈回家。你会怎样做呢?"阿丽老师扮演起妈妈,威立奥演示着他的"汽车技能":在短时间里穿好所有的衣服,包括他冬天的靴子、帽子,还有手套。"哇!"阿丽老师惊呼。

经过成功的演练,老师和威立奥一起来到幼儿园的前厅。老师拿了一些彩色的胶条,在一排衣柜中间,把威立奥放衣服的格子上面标记成"停车场",意味着威立奥将在这里练习他的"汽车技能"。他们还一起为威立奥做了一幅海报,把它贴在一进门的墙上。海报上面是威立奥的名字,紧挨着下面就是用大写字母写着的威立奥要学习的技能——"汽车技能"。另外,上面还有一个小老虎的照片和一口袋的"停车单"。老师想了一个主意,每次威立奥展示了他的"汽车技能",就可以从那个口袋里拿出一张"停车单",把它贴到海报上。

第二天早上,老师把威立奥要学习的技能告诉了其他的孩子,并跟孩子们说,他们的任务就是做威立奥的支持者。孩子们需要做的是,在看到威立奥成功地演示了他的"汽车技能"时为他鼓掌,或者说一些鼓励他的话。老师还告诉孩子们,当威立奥真的掌握了这个技能的时候,他们都会被邀请参加在湖边举办的庆祝会的。

威立奥每天都在练习他的"汽车技能",非常开心地将一张张"停车单"贴到他的海报上。老师和孩子们都非常慷慨地夸奖他,家长则站到幼儿园大门外而不是前厅里等待他,以保证他每次都能专心地练习他的技能。

老师还当着家长的面夸奖威立奥。"威立奥今天的'汽车技能'掌握得好极了! 你们真的应该为他骄傲。这几天他都表现得特别棒!"他的妈妈回应说:"听到这一切真是太好了,我们今晚得给奶奶打个电话告诉奶奶。"

一个月过去了,按照事先的约定,威立奥掌握了他的"汽车技能"时就要开庆祝会了。庆祝会是在白天开的,他的爸爸妈妈都特地请假赶了过来。像威立奥期待的那样,大家一起玩游戏,还在炭火上烤热狗。庆祝会结束时,威立奥跟每个人握手,感谢他们支持自己学习这个"汽车技能"。

当问到他愿意帮助谁去学习这个"汽车技能"的时候,他提到自己的小弟弟。威立奥给小弟弟表演了怎样迅速地穿衣,希望弟弟也能学会这个技能,这样他们每天都能很快地回到家里了。没过多久,幼儿园里的另外一个孩子也要开始学习这个技能了,因为威立奥现在是这个技能的"资深人士"了,所以他被指定做这个孩子的支持者。

用"屎王"训练坐便盆

五岁男孩,芬兰

　　冉娅·瓦萨宁（Raija Vaisanen）是一位来自芬兰北部城市奥卢的语言治疗师,在学校和幼儿园为老师们提供培训,以帮助那些被诊断为自闭症或注意力缺失的儿童。儿童技能教养法是她惯常使用的工具,在为孩子们做语言治疗时以及在帮助老师们处理有特殊需求孩子的问题时都会用到这一工具。这个故事展示了一个治疗师是如何在老师和家长的协助下,在跟孩子做一对一的个案辅导里,找到好的解决问题的途径,让孩子的生活发生重大改变的。

冉娅去探望杰西,这个五岁的男孩子被诊断为自闭症,语言能力发育迟缓,一直定期地接受语言治疗。杰西另外的一个问题是,无论在家里还是在幼儿园都极其挑食。因为这样的饮食习惯,他饱受便秘之苦,因而拒绝使用便盆。排泄对他来说是件痛苦不堪的事。在幼儿园里,情形已经变得越来越糟了,他甚至开始拒绝在桌子上吃午饭了。他会在中午开饭的时候躲起来,比如躲到门后,直到午饭结束小朋友们开始游戏的时候他再出来。因为饿肚子,他会肚子痛,也会乱发脾气。

冉娅在教幼儿园的老师如何应对杰西的吃饭问题时,请他们把解决问题的步骤分解成很小的一步步。第一步是让杰西帮助老师准备吃饭的桌子。杰西做得很好,得到了很多的赞扬。接下来是让杰西跟小朋友一起坐在桌子旁边,但不一定要吃饭;然后,可以取一些食物到餐盘里,然后……就这样一步步地,杰西取得了不小的进步,他开始能够跟小朋友一起吃饭了。

在幼儿园帮助杰西学习好好吃饭的同时,冉娅还教杰西的父母如何解决他们最头疼的问题——去厕所大便,他要么拉在裤子里,要么拉在客厅一个大花盆后面的地板上。很显然,杰西的父母知道,杰西需要学习的是使用便盆的技能。

冉娅请杰西的父母对杰西解释为什么学习使用便盆这么重要。他们告诉杰西,一旦杰西能够使用便盆,他们会很开心,杰西也不会再肚子疼了。

杰西想要他的爸爸妈妈、奶奶，还有冉娅做他的支持者。他把要学习的技能叫作"屎王"（Poop-King），这是生化乐高（Bionicle Lego）游戏里面的一个角色，杰西非常喜欢他。

毫无疑问，杰西的魔法宝贝就是乐高生化战士。作为奖励，一旦杰西学会使用便盆，妈妈就会带上杰西去买一个新的生化乐高。

训练坐便盆包括每天有规律地在妈妈的看护下坐在便盆上。在整个的练习过程中，妈妈总是给予他正向的反馈，不管杰西有没有解出来。

"你猜怎么着？我今天早上坐在便盆上拉屁屁了！"有一天杰西在上语言治疗课的时候对冉娅说。"哇，你学得可真快啊，我还听你妈妈说过，你已经开始告诉她你什么时候需要用便盆了呢。我想，你很快就能学会在需要的时候去厕所了。"

没过多久，杰西就拿着一个新的生化乐高来到语言治疗课上，给了冉娅一个惊喜。"我得到了这个，因为我能去厕所拉屁屁了！"杰西说，脸上呈现着自豪的笑容。杰西对自己掌握了这个新技能感到非常骄傲。他还想把这个技能教给他两岁的表妹。"你看，要是你能学会使用便盆，你也能得到这样一个礼物。"大家偷听到他在给表妹解释这个技能，并炫耀着自己的新玩具。

再也不尿裤子了

六岁男孩,瑞典

艾尔莎玛利亚·斯瓦林(Elsamaria Sverin)是来自瑞典胡迪克斯瓦尔(Hudiksvall)学校的咨询师。这是她提供的一个故事,讲述了她如何教授她的老朋友,运用儿童技能教养法去帮助六岁的双胞胎男孩之一克服尿裤子的问题。这个故事最棒的一点是,它让你看到兄弟姐妹之间是如何互相帮助来克服困扰的。

欧莱是个六岁的男孩,每天都会尿湿裤子。这个孩子忙忙乎乎地一刻都不消停,根本没时间停下来去上厕所。因为每天都尿裤子,所以闻起来臭兮兮的,他的双胞胎兄弟雷思经常取笑他,喊他"尿尿欧莱"。

欧莱同意学习"在游玩的过程中停下来去厕所"这个技能。由于欧莱和雷思总是在一起玩,所以他们的计划是哥俩一起停下来。毕竟,如果欧莱能够学会不再尿裤子的话,雷思就不必忍受一个臭兮兮的双胞胎兄弟了。

两个男孩都给这个技能起了名字。欧莱管它叫"裤子里的蚂蚁",雷思叫它"温得邦"(Wunderbaum),是一款非常知名的供汽车里使用的清新剂的名字。

欧莱选定的支持者包括他的妈妈、爸爸、雷思和令他崇拜的十几岁的哥哥。另外,他还想让他的姥姥、姥爷和他的奶奶、姑姑安娜以及姑姑家两个比他年纪大一点儿的女孩来支持他,欧莱总是仰慕比他大一点儿的表姐。

欧莱用蝙蝠侠做他的魔法宝贝。他的这个选择一点儿也不意外,因为欧莱一直是蝙蝠侠的超级粉丝,经常喜欢穿上蝙蝠侠的服装把自己扮成蝙蝠侠。

当问到学会了这个技能想要怎样庆祝时,小欧莱似乎早就有自己的打算了。他说,想要一个化装晚会。欧莱和雷思这两个喜欢打扮成蝙蝠侠的小哥俩,对于策划这个化装晚会感到非常兴奋。

欧莱每天都在雷思和他大哥的支持下努力地练习他的技能。吃早餐的时候,他会自发地提起"停下来"的问题,计划着"这一天该停下来几次"和"什么时候停下来"。姑姑安娜给欧莱做了一个"裤子里的蚂蚁"的公告栏,凡是欧莱练习技能的日子,无论他练得怎么样,有没有尿湿裤子,都会在上面贴上星星。就是说,欧莱得到这些星星不是因为他没有尿湿裤子,而是因为他努力练习了。

仅仅几周的时间,欧莱就在雷思的帮助下,学会了"停下来上厕所"的技能了,并且还能连续几天保持裤子干爽。到了举办期待已久的庆祝会的时候了,每个人都穿上了各种各样的奇装异服,最让大家难忘和意外的是,一辈子中规中矩的奶奶,也从服装店里租了一套小兔子的服装,扮起了小兔子。姑姑安娜做了一个蝙蝠侠的蛋糕,欧莱的大哥还让欧莱坐在他的摩托车上带着他出去兜了一圈。

每个人都非常享受这个项目。此外,一些未曾期待的结果也出现了。雷思打算用这个方法学习不再使用安抚奶嘴(是的,他偶尔还会使用它!),姑姑安娜还利用儿童技能教养法的原理,整理出了一套适合自己的戒烟法。

让狗狗闻一闻你

七岁男孩,芬兰

　　这个故事是芬兰北部小城奥卢的一个精神科护士萨米·冉米斯（Sari Remes）提供的。这位护士在一次心理疗法的培训课上听到了儿童技能教养法的介绍后,决定在自己七岁的儿子埃米尔身上试试这个方法,埃米尔一直都很怕狗……

埃米尔一向都很怕跟狗或者猫亲近,因为他的过敏性体质,他的爸妈从来也不觉得有必要去帮助他克服这个恐惧。不过,他现在上学了,还这么怕狗就变成了一种缺憾。他无法到有狗的小朋友家里去玩,也不得不拒绝很多庆生会的邀请。跟小朋友在外面玩耍的时候,他总是要保持高度的警觉,一看到有邻居牵着狗走在附近,就得立马躲开。

艾玛跟埃米尔同龄,他们两家关系很好,艾玛是埃米尔妈妈的教女,埃米尔和艾玛也是非常好的朋友。但是拜访艾玛家几乎是不可能的事,因为艾玛家里有三只小狗。仅有的几次去艾玛家玩的时候,埃米尔都要紧紧地贴在他妈妈的身边,生怕哪只狗挨到他。他的妈妈萨米渐渐地有些受不了了,她开始对埃米尔很没耐心地说:"好了,埃米尔,别这样了!""这没什么好怕啊!" 或者说,"它很胆小的,不会把你怎么样的!"可是一点儿用也没有。实际上,萨米后来也意识到,她的这些好心好意的劝导没准儿只会把事情弄得更糟。

萨米了解到儿童技能教养法后,决定给埃米尔介绍一下这个方法,希望埃米尔能够愿意试着用这个方法来克服他对狗的恐惧。

"我今天学到了一个有意思的方法,可以帮助有问题的孩子。"萨米跟儿子说,并把儿童技能教养法的练习手册给他看。"你知道很多孩子都有各种各样的问题,这些问题让他们的生活变得很困难,而用这个方法他们可以把问题变为要学习的技能。"

埃米尔显得很感兴趣,萨米继续说:"作为今天接受培训的一部分,我需要跟一个孩子练习这个方法。你有没有什么问题可以让我们用这个方法来试一试的?"

"我怕狗,"埃米尔说。

"那我们可以试一试呀。"萨米试着掩盖自己的暗喜。"我们得先找一找你需要学习什么技能。你说说看,你要学一个什么技能才能不怕狗呢?"

"我要学着敢离狗近一点儿,"埃米尔回答。妈妈很惊奇,埃米尔能如此自然地转换他的思维。

"好吧,让我们看看该怎么做。下一步是……哦,你需要给这个技能起个名字。你想给它起个什么名字呢?"

"'穆冉'技能,"埃米尔说(穆冉是芬兰从前最常见的狗名字,这个称呼几乎就是狗的代名词)。

"听起来不错。你觉得有没有什么动物或者英雄可以支持你学习这个技能呢?你想选什么来做你的魔法宝贝呢?"

埃米尔是蜘蛛侠的超级粉丝,所以把蜘蛛侠选做他的魔法宝贝是件非常自然的事儿。蜘蛛侠每每撒网时都有一个特殊的手势,这个手势就成了埃米尔的一个象征符号,培养他"靠近狗"的勇气。

"学习这个技能对你有什么好处呢?"萨米依照练习手册上的指示问了这个问题。

"我可以到那些家里有狗的同学家玩,我还能去参加同学的庆生会,再也不用害怕他们家里有狗了。"埃米尔说。

"还有吗?"

"我可以到艾玛家去玩,"埃米尔说。

"是的。还有,如果你不怕狗,就可以更享受地在外面玩耍了。"萨米补充道,然后她把那个练习册翻到下面的一页,"嗯,你需要一些支持者。你想请谁来支持你呢?"

"你和爸爸、奶奶还有蕊可和宝拉,"埃米尔脱口而出。蕊可和宝拉是住在隔壁的一对姐妹,埃米尔经常跟她们在一起玩耍。

埃米尔也制订了庆祝的计划。一旦学会了这个技能,他想在家里跟他的妈妈、爸爸、奶奶还有蕊可和宝拉一起办一个小的聚会。让奶奶给大家烤胡萝卜蛋糕,一起喝柠檬饮料。

"好啊,那么你想怎么来练习你的'穆冉技能'呢?"妈妈问。

"我可以让狗狗离我近一点,可以先让它闻一闻我的手。"埃米尔说。

埃米尔拿出一张纸,把他的计划画了下来。上面有技能的名字、蜘蛛侠的画像和一张允许狗狗闻一闻他的图画。他把画好的这张画小心地卷了起来,系上带子,藏到自己的房间里。

在埃米尔家的这条街上,有两家人养狗。第二天,妈妈注意到埃米尔一直都很急切地等待着练习的机会。当其中的一条狗一出现在他的视线里,他就拉着妈妈说:"我们走过去吧,这样狗狗就能过来闻我的手了。"

埃米尔安静地蹲下,一动不动地,把手紧紧地贴着自己的身体。狗狗对着他闻了一会儿,然后毫无兴趣地走开了。"埃米尔,你做到了! 我真不敢相信! 太棒了!"妈妈称赞着。埃米尔则急不可耐地想回家给奶奶打电话,告诉奶奶自己取得的成绩。

"奶奶! 我刚才让狗狗闻了我的手了!"埃米尔兴奋地告诉奶奶,奶奶夸奖了他。埃米尔每天都在练习他的技能,仅仅几天的时间,他就敢让狗狗舔他的手了。这次,埃米尔的妈妈一点儿也没有着急埃米尔的学习,因为从头到尾都是他自己在控制着学习的进度。

一周以后,埃米尔问妈妈可不可以带他去艾玛家玩,这让他的妈妈惊喜不已,艾玛家有三只狗呢。更让每个人都惊讶的是,在艾玛家,埃米尔居然敢让三只狗同时靠近他。

两个月过去了,埃米尔已经很好地掌握了"穆冉技能"了。大家认为到时候该给他庆祝了。就像先前计划的那样,奶奶、蕊可还有宝拉都来了。开场白很简洁,"你知道我们今天为什么来到这里,"妈妈说,"是因为你,埃米尔,你学会了让狗狗亲近你的技能,你战胜了你的恐惧。"

在萨米讲述这个故事的时候,埃米尔已经十岁了,已经完全不怕狗了。他能到任何他的朋友家里去玩,不管人家家里有没有狗。曾经,他也显示出愿意把这个技能教给其他人的意愿。那是开完庆祝会不久的一天,埃米尔的妈妈亲眼见到埃米尔在指导他两岁半的弟弟:"过来,先让狗狗闻一下你的手。你看,它一点儿也不会把你怎么样。"埃米尔跟他的小弟弟解释着,其实人家根本也不曾害怕过狗呢。

一个成为消防队长的男孩

八岁,澳大利亚

这个故事来自澳大利亚。肯·本尼特(Ken Bennett)是澳大利亚北昆士兰地区黄金海岸的一名消防队员,也是一位"消防魅力"(FFF,Fight Fire Fascination)项目的普及特使。这个项目主要是面向那些喜欢玩火,并有引发火灾隐患的小孩子。故事里面的这位消防队员穿着他的制服,在一两个月的时间里,几次到这个男孩子家里去家访,跟男孩子建立起深度的信任和理解,帮助孩子了解关于火的常识,教会孩子如何安全用火。FFF项目受到儿童技能教养法的影响,辅导的流程里包括学习技能、找到支持者、组织庆祝会,以及给孩子创造机会把掌握的技能传授给其他人。

卡西迪家族住在澳大利亚黄金海岸北端的名叫兰河（Nerang）的一个小城，从布里斯班开车到这里大约需要一个小时的车程。他们八岁的儿子杰克逊，在五岁时被诊断为自闭症。他认识字母，会拼写自己的名字，但是阅读能力非常有限。他只能从一数到二十，记不住星期一到星期日的叫法。他的记忆能力很差，所以学习新东西对他来说是件非常不容易的事。尽管如此，他还是进了普通的小学读书，没有被放在特殊学校里。

杰克逊跟普通的同龄孩子一起上学，同时也在学校接受一些特殊的辅导和帮助。虽然他的沟通能力很受限，但他依然是一个很愿意讲话和非常友善的孩子。

有一天，杰克逊的妈妈想抽烟，却到处都找不到打火机。情急之下她走过去问杰克逊，有没有动过她的打火机。杰克逊这些日子不像以前那么爱说爱笑，仿佛很警觉地关闭着自己。他否认自己动了打火机，但妈妈却本能地感到他没有说实话。再三追问之下，杰克逊不仅承认自己动了打火机，还承认自己用它在院子里烧过草、树叶儿和纸张。按照成年人的猜测，他这么做也许是为了引起马路对面男孩子的注意，但杰克逊并没有这样的联想。他对点火的解释是："我只是想看一看火焰。"

杰克逊的妈妈一下子懵了。她绝望至极，赶忙打电话到消防中心寻求帮助，看看有什么人能够帮助杰克逊明白这么做的危险性。消防队的接线员将电话转给了FFF组织的协管员。协管员在电话里为杰克逊的妈妈介绍了这个项目，并帮助她跟兼作FFF特使的消防队员肯安排了家访的时间，让肯去家里跟杰克逊聊一聊。

初次来到杰克逊家的时候，肯先是跟杰克逊和他的妈妈一起聊天。慢慢地，当杰克逊感觉自在了的时候，他的妈妈就悄悄地撤到了厨房，把空间留给他们俩做"男人式的交流"。肯使用了一套叫作"孩子的强项"（Strength Cards for Kids）的卡片游戏与杰克逊建立起联结。

"看看这些卡片，哪张卡片描述的事情是你擅长的？从里面挑出三张你最擅长的卡片。"肯在客厅的桌子上摊开纸牌。杰克逊认真地看了半天，才从里面挑出三张。他挑出的三张卡片是"我会制作"、"我可以很勇敢"、"我有时会害怕"。借助于这三张卡片，围绕着杰克逊强项的讨论奠定了杰克逊和肯之间坦率谈话的基础。

在接下来的交流里，肯了解到，除了妈妈知道的那几次点火，早些时候杰克逊还有另外的一次点火事件，他和另外一个十五岁的男孩曾经在当地公园的一个下水管道里面点火取暖。此外，杰克逊还告诉肯，最近，在学校他被一个新来的男孩欺负。这个男孩转来后不久得知了杰克逊的自闭症，就开始喊他的外号，并对他进行肢体侵犯。更有甚者，他还把杰克逊所有的朋友都"拐"走了，这让杰克逊感到非常孤单也非常受挫。尽管学校会提防孩子受到欺负，但因为杰克逊的表达能力有限,所以这种事还是没有避免。通过这次交流,杰克逊和肯初步建立了联结,他们达成协议,肯过两周再来家访。

肯第二次来访的时候,获悉了一个不好的消息。上周,杰克逊在学校又被那个男孩欺负了,他不仅偷走了杰克逊的午饭,还把饭踩脏,扔到了垃圾箱里。杰克逊要求道歉,那个男孩子非但不道歉,还喊出他的外号。出于自卫,杰克逊跟那个男孩打了起来,把那个男孩推到了地上,结果把人家的胳膊弄骨折了。出了这件事以后,杰克逊完全"关闭"了自己。肯花费了很长的时间才重新跟杰克逊建立起友善的关系,约谈结束的时候,杰克逊终于重又"打开"了自己。这让杰克逊的妈妈松了口气,她说,这次的会面真的是救了他们。

第三次会面时,肯开始为杰克逊讲解"家庭防火专员"的技能。这些技能包括默记紧急呼叫号码,以及如何回应对方的提问;知道怎么使用"停下、跳下和翻滚"的方法在火灾来临时安全逃脱;设计可实施的逃脱方案;测试烟雾报警器;关掉电源,比如拔下电源插座;大喊"着火了!着火了!着火了!"来引起关注。杰克逊的爸爸也参与到设计家庭出逃计划中,这个过程也大大地增进了父子的感情交流。

肯的第四次也是最后一次来访,是跟整个家庭来一起庆祝。杰克逊的妈妈烤了蛋糕,杰克逊也借此机会在家里表演了他所掌握的所有新技能,最后,杰克逊还得到了"家庭防火安全专员"的徽章和证书。

第二天,杰克逊带着他的徽章来到学校给老师看。老师意识到这个徽章对杰克逊的意义重大，于是问他是否愿意跟全班分享他得到这个徽章和参加 FFF 项目的整个过程。杰克逊表示愿意。他于是站到前面，跟全班同学讲述了整个故事——他怎么点火，消防队员肯的家访，防火的常识，以及他学到的技能。杰克逊的分享给全班同学留下了深刻的印象，包括那些曾经欺负过他的男孩子们。杰克逊不仅记住了肯教给他的所有技能，更重要的是这是他平生第一次勇敢地站到大家的面前讲话。他非常确信这次的演讲为他赢回朋友起到了重要的作用。他甚至觉得，后来得到邀请成为学校板球队的球员也要归功于这一次的成功演讲。

后来，我（本·富尔曼）有幸在一次访问布里斯班的时候，见到了杰克逊和他的妈妈。杰克逊那时已经十岁，他对一个从芬兰远道而来的人要跟他采访关于 FFF 项目感到非常兴奋。我们的会面刚开始，杰克逊就发现他把"家庭防火专员"的徽章忘在家里了，这个徽章一直被他精心收藏在自己的"珍宝盒"里。他急得快要哭了，看得出这个徽章对他的意义非比寻常。

听完他的故事，我问他，在整个安全用火的项目里他都学到了什么。

"比如，"杰克逊回答道，"如果房子里着火了，你需要低下头，这样就不会被烟呛着，因为烟是向上蹿的。而且你要防止用手直接去抓门的把手，那样会烫伤你的手掌。要是烫伤了你的手掌，就很难好起来。所以,你要用T恤衫或者什么东西包着你的手,然后再去抓门把手。"

"是吗？我从来都没想到这回事呢,你能告诉我真是太好了,"我说,"你还学到了别的什么吗？"

"我知道怎么测试烟雾报警器。你知道吗？这个测试要每周做一次呢！"

"哦,这个我也没听说过,"我不得不承认,"要是你在学校遇到其他男孩子玩火,你会怎样做呢？"

"我会告诉他们不要玩火。"

"真好！要是他们不听你的话,你会怎么做呢？"

"那我就去告诉老师。"杰克逊说。

我们继续聊了相当长的一段时间。杰克逊跟我讲解了在各种情形下如何防火的常识。我听得越多,就越觉得杰克逊的"家庭安全防火专员"的称号真是实至名归啊。

妈妈很为杰克逊感到骄傲。按照学校老师的说法,杰克逊现在成熟了很多,他现在已经学会了怎么带头做事而不再仅仅跟在别人的屁股后面跑了,他成了其他孩子的榜样。因为杰克逊的残障,妈妈从前曾经多次寻求过各种专家的帮助,但是这一次,她说,是真正帮助到了杰克逊。

2007年11月11日,肯和杰克逊的一张照片刊登在布里斯班《星期日邮报》介绍FFF项目的文章上。

跟小妹妹做朋友

八岁女孩，日本

　　这个故事是东京的一所私立学校的辅导员由香（Yuka Samata）提供的。她辅导一个八岁的女孩贵石子跟自己的小妹妹友善相处。这个案例很好地诠释了儿童技能教养法的整个步骤。案例的开始显示了将问题变为可以学习的技能是何等的重要，然后显示了演练的价值和使用这个方法的灵活性。贵石子没有选择动物而是选择了一首歌来做魔法宝贝支持她的技能学习。

贵石子的父母对她的状况很担忧,于是送她到学校的辅导员由香这里接受辅导。贵石子近来在家里表现出很强的攻击性,经常跟妹妹打架,把妹妹弄哭。老师也很担心她,对贵石子的妈妈说,上个月在学校里贵石子有两次把别人的东西拿走藏了起来,这是她以前从来不曾做过的事。贵石子的家长跟由香说,他们希望贵石子能够学会在家里和学校里守规矩,知道什么是对的,什么是错的。

由香同意帮助他们。隔天,贵石子的爸爸带着女儿来见由香。"我跟你的爸妈谈过了,"由香说,"他们说你在家里对妹妹有攻击行为,所以很担心你,希望我来跟你聊一聊。" 贵石子解释说,她的妹妹有个非常讨厌的行为:每天贵石子从学校回到家里,妹妹都要模仿她的一举一动。她说,是因为妹妹的模仿让她变得很烦,才有攻击行为的。可是到头来,每次妹妹都大哭大叫地寻求帮助。

贵石子还说,她的妹妹根本就是装的,每次妈妈一责骂贵石子,她就在一边伸舌头、做鬼脸。妈妈看不到的时候,她还会得意扬扬地偷笑呢。贵石子说,妈妈很快要去医院生小宝宝了,她担心到时候妈妈还会要求她去照顾自己的这个妹妹呢。

由香问贵石子,她需要学习一个什么技能才能不让父母担心自己呢?贵石子说,她需要学着不跟妹妹吵架。

"不吵架,嗯,很好。那么你要做什么呢?你要怎样做才能不跟妹妹吵架呢?如果她还是模仿你,让你很烦,想冲她大叫,甚至想打她,怎么办呢？"

贵石子想了一想,然后说,"我要学着不被她激怒。"

"嗯,你要学着不被她激怒。这是什么意思呢？"由香不解地问,"这多不容易呀,要是你的妹妹开始模仿你,你还能不被激怒？你要怎么做才能不被激怒呢？"

"我不理睬她的模仿。要是她一直不停下来的话,我就去告诉妈妈来帮我。"她说。

"是的,不理睬她的模仿,如果她不停下来的话就告诉妈妈来帮助。这是你要学习的技能吗？听起来很不错呀。"由香说。

"是的！"贵石子回答道,听起来非常坚决。

讨论到学习这个技能的好处时,贵石子说,她很不喜欢跟妹妹吵架,况且,如果她的爸爸妈妈能够明白其中的真相,并不是她在惹事儿,她会觉得好受一些。当问到学习这个技能能给爸爸妈妈带来什么好处的时候,她说,她的爸爸妈妈可以不必担心她的暴躁行为。对妈妈的身体也有好处,因为妈妈正怀孕呢。妈妈也不用总是因为她们吵架而训斥贵石子和安慰妹妹了。"如果我学会了这个技能,"她说,"我就不会跟妹妹吵架了,妈妈就会开心很多。"因为这个计划跟妈妈有关,贵石子决定一回家就告诉妈妈。

"哇,学习这个技能会给你带来这么多的好处！"由香说,"我猜你一定很想尽快掌握它,对吗？"

"是的!"贵石子带着甜美的微笑回答,"我现在就要学!"

由香问贵石子,希望谁来做她的支持者去学习这个技能?"我会让妈妈来帮助我,如果妹妹不停地捣乱的话。"贵石子回答说。

"还有谁呢?"由香问。

"爸爸! 我想让我爸爸知道我在做什么。一会儿他来接我的时候,我就告诉他。你可以在那儿陪我吗?"

"行! 你的老师呢?你想让她知道吗?要是我见到她,可以告诉她我们今天做的计划吗?"由香问。

"当然! 你可以告诉她我要在家里学习这个技能。"贵石子很骄傲地说。

贵石子其实并不知道该怎么"忽略"她的妹妹,所以由香决定用角色扮演的方式帮助她。由香假扮成贵石子的妹妹,把墙角的那棵植物当成贵石子的妈妈。由香开始模仿贵石子的表情,重复她说的每一个字。开始时,贵石子还觉得好玩,渐渐地,她开始觉得恼火。"好了! 好了! 不要了!"她说。由香也学着她的样子重复:"好了! 好了! 不要了!"贵石子用手捂住自己的耳朵,开始很大声儿地哼唱。"啦——啦——啦——啦!"当由香也学着那样哼唱时,贵石子就跑到墙角,藏到那个扮演妈妈的植物后面。

在讨论角色扮演的感受时,贵石子说,的确很难不去理会妹妹的模仿,但捂住耳朵和哼唱歌曲可以有些帮助。由香建议,也许哼唱贵石子最喜欢的歌比简单地哼唱"啦——啦——啦"要更容易也更好玩一些。贵石子想起从前在学校学会的一首歌,决定用这首歌来代替"啦——啦——啦"。

由香问贵石子,想给这个技能起个什么名字?贵石子想了一会儿说,她想称它为"Outa"技能,"Outa"在日语里的意思是"唱歌"。

接下来由香跟贵石子讨论了如何应对"挫败"的问题。"我猜有时候你可能会暂时忘记你的技能,又开始对自己的妹妹喊叫,甚至会像以前那样打她。如果不小心发生了这样的事,你希望你的爸爸妈妈怎么帮助你来记住你的'Outa'技能呢?"

"他们可以唱那首歌。"贵石子说。

最后,他们约定贵石子两周后再去由香的办公室一次,讲述一下Outa技能的学习情况。如果贵石子已经掌握了技能,就一起庆祝一下。如果还没有掌握,就看看怎么把计划再调整和改进一下。

爸爸过来接她的时候,贵石子跟爸爸说了将要学习的技能,并让爸爸做她的支持者。爸爸说他会尽力的,而且夸赞说,这是个很好的计划。贵石子很开心地笑了。

回家后,贵石子又跟爸爸一起把学习新技能的事告诉了妈妈,并让妈妈做她的支持者。她的妹妹当天并没有招惹她。但是,第二天当她从学校回来的时候,就开始像以往那样模仿她了。贵石子开始时只是试着不理她,可是没有用。妹妹还是一直在模仿她。贵石子于是捂着自己的耳朵,唱着歌,跑到妈妈那里。她的妹妹很惊讶姐姐今天的做法,但开始跟着贵石子一起唱歌。两个女孩儿,唱着歌,跑到妈妈干活的厨房。那个场面看上去又滑稽又欢快。妈妈明白这是怎么回事,知道贵石子需要她的支持,也跟着唱了起来。整个的场景是那么富有戏剧效果,到头来三个人一起大笑不止。

此后,每当妹妹模仿她的时候,贵石子就开始唱歌,但每次都会唱不同的歌,每次都奏效。从前的问题现在好像变成了一个好玩的游戏,贵石子再也不会因为妹妹的模仿而火冒三丈了,妹妹也渐渐地失去了模仿的兴趣。

两周以后,贵石子跟由香再次碰面。听到贵石子讲述的这一切,由香决定立刻在她的办公室里为贵石子庆祝。她让贵石子教她唱那些歌,她们一起快乐地唱着歌儿庆祝贵石子的进步。由香还把墙上挂着的一个小玩具送给了贵石子,作为一个"证物",象征着贵石子真正地掌握了这个技能。

过新年的时候,贵石子的妈妈给由香寄来了一封信,里面有他们一家人的照片。信里说,贵石子现在再也不跟妹妹打架了,还能帮忙照看小弟弟。她现在是弟弟妹妹们的好姐姐,家里的每个人对贵石子的变化都欣喜不已。

六个月后的一天,由香很惊讶地再次遇到贵石子。这次,她是带着一个朋友来的。贵石子解释说,她的朋友现在特别不开心,需要帮助,因为她每天放学回家的路上都会被她的一个同学欺负。她的朋友刚刚对由香解释完自己的状况,贵石子就接过去,对她的朋友讲解起如何学习"不理睬"技能来对付她的那个专横的同学,她说,"我可以帮助你找到好玩的方法来学习这个技能"。贵石子和她的朋友一起很认真地讨论用什么样的好办法来学习这个不理睬技能,来应对那个专横的同学,由香却在一边忍俊不禁。

驯服暴力

八岁男孩，奥地利

　　成功治疗结束后的一段时间以后，暴力行为重又出现的现象并不少见。在这种状况下，把以前的成功当作是后续治疗的一个基础会对新的治疗有很大的帮助。坦娅·西蒙（Tanja Simon）是奥地利维也纳的一个私人诊所的心理医生，她报告的这个案例即诠释了这一做法。故事的主角是一个名字叫费边的八岁男孩，一年前因为暴力在坦娅那里接受过心理治疗。他曾经用椅子、破酒瓶和拳头攻击学校里其他孩子，甚至老师。学校不得不请他停学一段时间，要求家长为他寻求专业帮助。每周一次，坦娅跟这个孩子做了半年的治疗，慢慢地，他在学校也不再有攻击性的暴力事件发生。但是一年以后，这种状况在家里重又出现，他甚至对自己的父母使用暴力。这一次，坦娅决定使用儿童技能教养法跟这个男孩一起寻找解决方案。

一天，心理医生坦娅接到费边妈妈打来的电话："您能再次帮助费边吗？"

"当然。发生了什么？他又在学校惹麻烦了吗？"坦娅问道。

"没有，没有。他现在在学校是模范生。不过最近以来，他开始在家里有暴力行为了，我们都不知道该拿他怎么办。"妈妈忧心忡忡地对坦娅描述了费边近期在家里的一些令人震惊的行为，包括试图用厨房的长刀攻击自己父母的事。妈妈说，他的这个举动不仅让他们做父母的很害怕，也把费边自己吓着了，所以这次是费边自己要求再次约见坦娅的。

费边跟着他的父母来到诊所后，坦娅向他介绍了儿童技能教养法，并给他看了儿童技能教养法的工作手册。费边显得非常感兴趣，只用了几分钟的时间，他们就从头到尾一起把这本手册学习了一遍。费边说，他想学着控制自己的愤怒，并保持冷静。他给这个技能取了一个名字叫"罗纳尔迪尼奥"（Ronaldinho）。这是巴西著名的足球明星的名字，罗纳尔迪尼奥在球场上以冷静著称，即使是在进球得分后其他队员都狂喜万分的时候他也表现得超级冷静。费边也是一名足球队员，罗纳尔迪尼奥就是他的偶像。

费边非常明白学习掌握这个技能的好处。他的父母现在从不带他到公共场所去。什么餐馆呀，逛店呀，或者出去旅行啊，一概免谈。掌握了这个技能，就意味着能够跟爸妈一起到这些地方，甚至能够一起去度假旅行了。还有,他再也不必经历每次攻击行为发生以后所带来的强烈的自责和羞愧了。他可以更多地跟朋友在一起玩,爸爸妈妈也会允许他邀请朋友来家里玩,还可以避免父母的喊叫和责骂。

费边选择他的狗狗迈苏塔来做他的魔法宝贝。迈苏塔是一只罗威纳犬(Rottweiler),看上去很凶猛,但是对每个人都非常友善。"它不会伤害任何生灵的,"费边解释说,"哪怕有人踩了它的脚。"费边把迈苏塔的照片放到手机里当作自己手机的屏保,还把迈苏塔曾经使用过的项圈缠到自己的手腕上。他说,这样不论走到哪里他都能感觉到迈苏塔带给他的神奇力量。

在设计如何庆祝的时候,费边说,如果掌握了"罗纳尔迪尼奥技能",他想办一个庭院派对。他的设想是,跟爸爸妈妈还有爷爷奶奶一起坐在院子里,一边吃着奶奶烤的水果蛋糕,一边聊天儿。费边跟坦娅约定,如果他能做到在六个月内没有任何过激的暴力行为,就可以办这样一个派对了。

费边对学习"罗纳尔迪尼奥技能"充满信心。毕竟,在过去的一年里,他在学校里一次都没有过激行为。父母也表达了对费边的信心。他们说,费边是个意志坚强的孩子,如果他自己确定了要学习什么,就肯定能做到。

坦娅问费边,如果什么时候他不小心快要失控了,希望别人怎样提醒他正在学习的这个技能呢?费边建议,父母可以给他一些旧杂志让他撕扯,或者一个枕头让他拍打,再或者是一个装满大米的压力球,让他去挤压,直到他感觉平静下来。"忍俊不禁"这个压力球成了他的最好选择,费边每次跟父母出门的时候都记得把它带在身上。

费边还想出了好多的技巧来控制自己的脾气:他练习做深呼吸或者运用幽默的手法来嘲笑那些通常会惹他暴怒的情形;他还学着用平静的口吻就事论事地谈论让他感觉烦心的事情,这样他的爸妈就能了解到他的情绪,从而帮他找到走出来的方法;在家庭治疗的时段,费边通过"角色扮演"来练习这个技能;跟父母一起把曾经失控的场景回放一遍,再换作"冷静的手法"把那些场景戏剧性地重新演绎一遍;有的时候,他还和父母扮演角色互换,他来做父母,而父母扮演他。

费边在家里每周练习两次,一次跟母亲,一次跟父亲。练习包括角色扮演被激怒的情形,而费边则要表现出在被激怒的时候能通过深呼吸来保持冷静的样子。

进展还算顺利,虽然也偶有倒退。费边确实再也没有跟爸爸妈妈有过任何的肢体冲突,只是在公共场所有过几次失控,对着他的妈妈大喊大叫和说脏话。尽管有这些偶发状况,从第一次跟坦娅见面的七个月之后,家里人都认为费边已经学会了这项技能。如费边所愿,为他举办了一个庭院聚会。

在几个月之后的随访电话中,费边的妈妈告诉坦娅,费边现在正在教他的朋友马力欧学习儿童技能教养法。马力欧总是因为一点点小事就去攻击其他孩子。费边给马力欧演示他自己是怎样保持冷静的:比如深呼吸,忽略别人的语言攻击,或者直接离开那个场景。

一次愉快的家访

八岁男孩,英国

大多数专业人员都喜欢在办公室约见孩子和家长,因为办公室的环境带给他们安全感,可以更好地掌控会议的进展。但是,有些时候,特别是对那些儿童福利机构或者儿童保护部门的专业人员来说,登门拜访孩子们的家庭却是不二的选择。由于在那样的环境里会有很多不可控的无关打扰(孩子们跑进跑出,电话铃声的干扰或者其他家庭成员进来离去),引导一场富有成效的谈话就变得极具挑战性。在这种情形下,使用儿童技能教养法可以帮助专业人员更好地把控谈话的结构、内容和目标。下面的故事是由英国国家慈善机构的工作人员西蒙·杰克逊(Simon Jackson)报告的。西蒙是在英国布拉德福德(Bradford)的被称为"家庭行动"(Family Action)的国家慈善组织里工作的一位运营经理,这个"家庭行动"旨在为全英国的弱势家庭提供实际的、情感的和经济方面的帮助。故事特别详细地介绍了西蒙第一次拜访这个有六个孩子的家庭状况。这个故事告诉我们,在开始引入儿童技能教养法之前,跟孩子的家庭细心地建立正向的亲和关系是何等的重要。

这是个由妈妈凯伦、爸爸马蒂,以及六个孩子组成的家庭,最小的孩子只有十一个月大。由于一系列的家庭问题,他们家被社会服务部门转介到"家庭行动"的慈善机构。社会服务部门的社工特别表达了对这个家庭里两个年龄稍大的男孩(十岁的约翰和八岁的詹姆士)的担忧。

西蒙初次拜访这个家庭时,只有妈妈凯伦和她的六个孩子在家。爸爸马蒂不在家,他今天早些时间因为喝酒的事当着孩子们的面跟凯伦大吵了一通,拂袖而去。起因是马蒂让凯伦给他买啤酒,遭到凯伦的拒绝。西蒙到来的时候,房间里正弥漫着哀怨和挫败感。

自我介绍以后,凯伦把西蒙让进客厅。西蒙意识到作为一名新的工作人员介入到这个家庭,他需要先做一些特别的努力来建立联结,所以决定使用幽默的办法来"破冰"。

"好了,孩子们,"他对孩子们说,"我可以坐在哪儿呢?我可以坐在地板上、柜子上(他用手指着角落里的那个家具)吗?或者你可以把我支到那个旮旯,再不然把我放到哪个沙发上?"

西蒙轻松诙谐的开场方式,让每个人都感觉轻松了几分,也让孩子们知道可以用这样有趣的方式跟他对话。这样继续地逗了一会儿之后,西蒙开始问四个大孩子的名字(约翰十岁,詹姆士八岁,莎伦六岁,莱恩四岁)。西蒙说:"我想我知道你们的名字。嗯,等一下,给我一秒钟,我马上就能说出来了。"他用手指着莎伦说,"你的名字是……约翰！"然后指着约翰说，"你一定是莎伦！"孩子们急切地想纠正他的错误，但西蒙还是故意地跟他们装了一会儿傻。"如果这个是约翰，这个是詹姆士，你是莎伦，你是莱恩，那么这个人是谁？"西蒙说着用手指向妈妈问道。孩子们被西蒙的这个猜名字的游戏逗得哈哈大笑，他们的笑声也传染给了妈妈。房间里的氛围变得轻松了很多。

然后，西蒙让凯伦讲了一下今天早些时间跟马蒂之间发生的事。

"我是不能眼睁睁地看着他这么喝酒的，我也不会给他买啤酒喝。"凯伦解释说，"我告诉他回他妈妈家去吧。我就是不能让马蒂在这里这样子喝酒。这不是我想要的生活，也不是孩子们想要的生活。以前发生过这类事，我知道那是什么样的情形。这样的情形有时候会持续很多天，这对孩子们很不好。"

"他不在这儿待着喝酒，你觉得对你和孩子有什么好处？"

"孩子们就不会看到他的醉态，也不会看到我们吵架，不是吗？"

"哦，你不想让孩子们看到这一切？"

"是的，我不想。但并不仅仅是因为喝酒。孩子们可以看他喝醉，但不要醉得那么恶心。我不想让他们习惯这个。"

"做到这一点肯定不容易！他这么喝酒，你还要一直试图为你的孩子营造好的一面。你是怎么让自己做到这些的？"

"我只是不想让孩子们难过，不想让他们害怕自己的父亲。他不喝酒的时候,是个很好的爸爸。所以,他喝酒的时候就最好让孩子离他远一点儿。"

"所以你一方面保证孩子们是 OK 的,另一方面也在给马蒂改正的机会,是吗?"

"是啊,有时候只能是这样。我必须尽量把这些理顺。"

"听起来真的很难,不过你做得还真不错。马蒂醉酒回到他妈妈家了,你一个人带着六个孩子在家还能把一切打理成这样,你做得很棒!"

西蒙进门后,先是一番自我介绍,然后让他们一家人熟悉了一下他的工作方式,再给凯伦一个机会讲述了一下今天早些时间发生的事以舒缓她的情绪,如此便很自然地建立了信任和亲和。凯伦的社工曾经把凯伦描述成一位时不时地对孩子发威的母亲,西蒙却看到了凯伦的另一面。在他看来,凯伦确实会在跟孩子讲话时不自觉地提高嗓门,但是跟六个不足十岁的生龙活虎的孩子们长时间地待在一个房间里,西蒙能够理解,凯伦的大嗓门只是希望孩子们能够听到她的声音,或者是为了在这个混乱的家里给孩子们增加一种秩序感。

因为事先已经跟这个家庭打过招呼,西蒙此次来访主要是为了老二詹姆士,所以当把话题转到詹姆士身上的时候,大家并不意外。

"我现在真的很需要你们的帮助,"西蒙对所有的人说,"我和詹姆士之前从来没有见过,我想知道一些关于他的事情。你们能给我说一说那些我不知道的事情吗?可以是任何的事情,只是有一条规矩:你们得让我知道詹姆士擅长什么,告诉我那些他做得特别棒的事。"

"还真不好说,"妈妈迅速回应道:"因为他整天惹我生气,老是惹乱子、顶嘴、不听话。"

"这些事确实要说说他。不过,我们还是先想一想詹姆士有哪些做得好的地方,"西蒙坚持着,"除了惹乱子、顶嘴,他还会做哪些不一样的事儿,比如有些事情你们觉得很好玩,或者能让你们大笑?"

"是啊,他有时很会恶作剧,不是那种很烦人的,就是有点儿厚脸皮和搞怪的那种。"

"哦?他有时有点儿搞怪和厚脸皮?那他搞怪和厚脸皮的时候都发生了什么呢?"

"他让我们大笑。学校的老师都喜欢他。"

"太厉害了,詹姆士,学校的老师都喜欢你!嗨,快来帮我记住这些你善于做的事,或者干脆把它们都写下来吧,怎么样?你觉得呢?"

西蒙想把詹姆士的优点都记录下来,以后在学校开会时也许用得上。所以他把大家所说的都一一记了下来。

"詹姆士还擅长什么呢?除了搞怪和厚脸皮,詹姆士还有什么优点我们可以列在这里?"

"他很善于打扫卫生、做家务、收拾厨房什么的。"妈妈说道。

"听起来好棒啊,在家务方面他都做得怎么好了?"

"他会整理自己的房间、洗衣服,我让他帮忙的时候也很少抱怨。"

"真的吗,詹姆士?"西蒙问,"你能帮助洗衣服,还能打扫房间?"

詹姆士微笑着点点头,凯伦也笑了起来。大家都开始意识到,这样的交流方式其实挺好玩和挺令人振奋的。

"好吧,我们现在知道了詹姆士很善于搞怪,有一点儿'厚脸皮',他还很会做家务。你们怎么想呢?"西蒙转向其他孩子们,"你们觉得詹姆士都有哪些强项呢?"

"他在学校很棒。他各方面都很努力。"约翰说。

"他在学校很棒?"西蒙有点儿困惑了,"不是说詹姆士总在学校惹麻烦吗?难道这不是真的?"

"哦,他去年是这样的,但现在好多了,"妈妈解释说,"所有的老师都说,他现在不太惹麻烦了,跟其他孩子的冲突也少了很多了。"

"这个单子蛮长的啊,"西蒙转向詹姆士,"你能记得住我这里记下的这些吗?"

詹姆士一条不落地把家人刚才提到的优点说了一遍。

"我可以请你们作为家人再给出最后一条优点吗?"西蒙不肯

善罢甘休,"或者你们告诉我,这里提到的哪一条是詹姆士最突出的优点?"

"举止,"妈妈说,"他的举止真的非常得体。"

"他举止得体,是吗?这是他所有优点里最突出的一点吗?"

"是啊,真的变得好多了,让我特别地为他感到骄傲。他的老师说他在学校变化很大,我一点也不怀疑,因为他在家里也变化很大呢。"

"看起来你确实有了很大的变化,无论在家里还是在学校。"西蒙对詹姆士说,"你是怎么做到的呢?"

"我就是不想再惹麻烦了,我想让妈妈高兴一点儿。"

"哦,所以你就试着不惹麻烦了,对吗?你在学校里还有哪些变化呢?"

"要是有其他同学招惹我,我就走开,我也不跟他们吵。"

"所以,你不去惹麻烦,也不跟他们吵。你猜怎么着?詹姆士,我真希望在我约见其他孩子的时候,能把你带在身边。你的主意真是太棒了。"

"您来帮我想象一下,"西蒙转向妈妈,"我想让您想一想詹姆士的行为,如果在一条线上画上1到10的刻度来表示詹姆士的表现,10代表詹姆士是个完美的小孩,没有一点儿问题,一点儿也不让人操心。当然,我知道没有这样的小孩,让我们只是假定一下,10分就是很接近的那种。另一端的1分就好比是世界上最糟糕的行为,没有一丁点儿的好,詹姆士一天到晚除了捣乱别无是处。"

西蒙于是在一张很大的纸上画了一条带刻度的线,继续说道:"想一想詹姆士去年在学校的表现,他的行为在这个尺子上应该标在哪里?从 1 到 10 能打几分呢?"

"我不得不说只能是 1 分。"妈妈说。

"那么现在是几分呢?看看他的这些优点,他很滑稽和搞笑,学校的老师都喜欢他,他帮助做家务,做他该做的事,在学校也不再吵架了,就像詹姆士自己所说的那样,不再像以前那样惹麻烦了。"

妈妈想了一想,回答说:"6 分吧。是的,我的确觉得是 6 分。他真的从 1 分变到了 6 分,我真的为他感到骄傲。"

"什么?!"西蒙转向詹姆士,"仅仅几个月里,你就从 1 分变成 6 分了,从 1 分猛增到 6 分!天哪,这实在是太了不起的成就了。"

这时候,西蒙决定引入儿童技能教养法,也就是想办法找到一个詹姆士要学习的技能来帮助他变得更好。

"詹姆士的行为现在到了 6 分,这真是太好了。我很好奇,他再做些什么就能把他的分数从 6 分提升到 7 分呢?可以是任何的事,不必是大事,只要是能够带来一点儿改变的事就行。"

"我希望他不要打断别人的讲话,"妈妈说,"他在家里经常这样,老师说他在学校也是老打断别人的讲话。"

"好啊,立刻就有了一个可以帮助詹姆士从 6 分提升到 7 分的方法了。您觉得詹姆士要是学会不打断别人,他该怎么做呢?"

"就是不打断就好了,别人讲话时不要老去打断嘛。"妈妈直率地回应。

"有时候停止去做什么事真的挺难的。所以我想也许应该帮助詹姆士找到新的事去做,而不是停止做什么事。"

"我不知道你是什么意思。"妈妈看上去挺困惑的。

西蒙跟凯伦解释说,让孩子"学会一项新的行为"来"代替旧行为",比让他单纯地"停止旧行为"更容易一些。"比如说,如果我想减肥,会对自己说,我不能吃冰激凌了。然后我就一直重复这句话'我不能吃冰激凌了',可是我真的不确定这样说有没有用。因为这个更像是把我喜欢吃的一个东西拿走了。所以,也许可以用'我要吃水果'来代替'不吃冰激凌'会更好一些?对于詹姆士也一样,就像把'不吃冰激凌'变成'吃水果',让我们想想看,如果他的问题是打断别人的讲话,我很好奇,他需要学习一个什么样的新行为,才能够帮助他停止旧行为呢?"

"他可以学习更好地倾听妈妈和老师的讲话,"约翰说。

"你说什么?要是不打断别人,他应该学习什么?"西蒙再次转向约翰。

"更好地倾听。"约翰说。

"这真是一个非常、非常好的主意！为了学会不去打断别人，詹姆士可以试着在家里和学校学习更好地倾听。你觉得呢,凯伦？"

"是的,他应该试着学习更好地倾听。"凯伦也说。

"你呢,詹姆士？你自己怎么想？约翰觉得你应该学习更好地倾听,妈妈也觉得这是个好主意。你自己想学习更好地倾听吗？"

"我也不想打断别人,"詹姆士有点儿无辜的样子,"可我不知道我为什么会去打断人家。"

西蒙试着让詹姆士相信没必要去了解以前旧行为的原因,重要的是学习新的不一样的行为。他说:"你知道吗,詹姆士？我不觉得我们有必要去追究那种行为的根源。可不可以这样,我们不去纠结你为什么这么做,而是一起看看怎么学习'更好地倾听'？"

詹姆士明白了,他点头认可。下一步就是要给这个技能起个名字。

"我跟你说,"西蒙开始解释,"如果我们一直把这个技能叫作'学习更好地倾听他人的新技能',可能会很没劲儿。不如给这个技能起个新的酷一点儿的名字,怎么样？你觉得呢,詹姆士？你想给它起个什么酷一点儿的名字呢？"

詹姆士想了很多主意,妈妈和兄弟姐妹们也给了一些建议。最后,詹姆士很骄傲地宣布他要把这个技能叫作"保时捷技能"。不用说,保时捷是詹姆士最喜欢的汽车品牌,也是他能想出的最酷的东西。

西蒙现在要跟詹姆士介绍那个"魔法宝贝"的概念了。

"詹姆士,除了给技能起个酷名字,你还可以找一个魔法宝贝帮助你来学习你的保时捷技能。这个魔法宝贝可以是任何你能想得出的,比如一个超级英雄,或者一个动物,小猫小狗什么的,还可以是你想象中的一个生物,比如一条龙。你要选一个这样的东西,它能用某种你所希望的方式来帮助你学习新技能。"

詹姆士觉得很难找到他自己理想的那个魔法宝贝。凯伦也提了好几个建议试着帮助他,但西蒙想让詹姆士选一个真正他自己想要的魔法宝贝。

"找一个真正的魔法宝贝确实很难,"西蒙说,"也许有很多可以选择的魔法宝贝,但却很难挑出你自己的那个,是吗?如果暂时选不出一个,你也不用费力地去选。我倒有个办法,也许可以帮你选到一个。你想试一下吗?"

詹姆士点头。

"好吧,请你闭上眼睛,"西蒙建议道,"想象一个场景,你掉在了一个充满泥浆的大坑里。你被困在那里已经很久了,看起来很难再爬出来了。你越是试着往外爬,就陷得越深。你已经感觉没什么希望了,打算放弃努力了,就要永远地留在那里了……正在这时候,远远地,你看到了一个什么东西在向你走来……看到了吗,詹姆士?这个东西越走越近,越来越大,你知道这是你的魔法宝贝赶过来救你出泥潭呢! 好好看一看这个魔法宝贝,它长得什么样?有多大、多小?什么颜色的?是个动物吗?有腿吗?要是有的话,它有几条腿?好了,詹姆士,我马上要请你睁开眼睛了。你要在睁开眼的第一时间告诉我你所看到的,好吗?好了,准备好,我数完一、二、三,你就睁开眼睛,好吗?好了,一、二、三! 请睁开眼睛,告诉我们你看到了什么。"

"一头公牛!"詹姆士一睁开眼就喊了出来。

"一头公牛! 哇,多棒的一个魔法宝贝啊。你是怎么想到用一头公牛做魔法宝贝的?"

"我也不知道。我想也许是因为公牛很强壮吧。"

"这真是一个很棒的主意,让一头强壮的公牛来给你做魔法宝贝。你能告诉我们它长得什么样子吗?"

"我可以把它画下来吗?"詹姆士问。西蒙给了他几张纸,詹姆士给他的魔法宝贝公牛画了一幅画像。

"如果你愿意,还可以给你的公牛起个名字。"看到詹姆士完成了他的画,西蒙说,"你管它叫什么都可以。"

魔法宝贝　公牛

詹姆士想了一会儿,决定叫它"凯伦和马蒂的公牛",他用了爸爸妈妈的名字。西蒙意识到,对于詹姆士来说,爸爸引到整个的项目中支持他的学习非常重要。

为了让詹姆士更加认清学习保时捷技能的好处,西蒙决定借用一下"时间机器"的概念。

"詹姆士,我真的觉得你有很多很棒的主意,比如你的保时捷技能,你的公牛。另外还有一件事我想请你想一想。是这样的,这个乍听起来可能稍微有点儿傻,是关于……"西蒙放低了声音。"时间机器!你知道'时间机器'是什么吗?"

"是像塔迪斯(Tardis)那样的吗?"詹姆士指的是那个非常火暴的英国肥皂剧《神秘博士》(*Doctor Who*)。在那个电视剧里,塔迪斯就是一个隐藏在警察亭里的时间机器,这个时间机器可以带着神秘博士穿越时空。

"是啊,就像塔迪斯。"西蒙说,"不过这个时间机器是属于你的。它可以带着你穿越到任何你想去的时间里。比如你的第一个旅程是穿越到六个星期以后。想象一下,你已经有了六周的保时捷技能的学习,无论在家里还是在学校里你都已经完全掌握了保时捷技能。不再打断别人,能很好地倾听别人。试想,假如六周后从时间机器里走出来的你真的变成了这个样子,会有什么不同呢?"

"我不再打断别人了吗?"詹姆士问。

"是啊,没错。你不再打断别人了,你更多的是做什么呢?"

"其他人和老师讲话时,我不再像从前那样讲那么多的话了。"

"嗯,你不再讲那么多的话了。但是,如果你真的完全掌握了保时捷技能,你会做什么呢?"

"我会在课堂上更好地听讲。"

"如果你不再插话,能更好地听讲,老师会怎么看你呢?"

"他们就不再像现在这么多地找我麻烦了,也不会老是让我闭嘴了。"

"嗯,他们在课堂上会对你更友善。还有吗?"

"我就不会被请出课堂或者送去找校长谈话了,其他孩子也不会总是生我的气了。"

"嗯,我现在好像已经看到了你未来在学校的样子了,因为掌握了保时捷技能,你在学校变得越来越开心了。要是你在学校真的越来越开心,那会是什么样呢?"

"我会更喜欢上学,也会有更多的朋友。"

"你觉得呢,凯伦,要是保时捷技能真的帮到詹姆士,他会有什么变化呢?"

"他的学习成绩会更好,也不会老让他的老师们烦心了。他们现在就很喜欢他,以后会更喜欢他。"

在结束这次约谈之前,西蒙还跟大家提到庆祝的事。

"詹姆士,我非常喜欢你今天提到的这些主意。你的保时捷技能实在是太棒了,还有你画的那个魔法宝贝公牛也超厉害。我已经确信,你肯定能学会更好地倾听。事实上,你今天跟我在一起就一直在倾听,一次都没有打断过我。从头到尾,你都是怎么做到的呢?"

"我也不知道,我就是想学着做到而已。"詹姆士说。

"是啊,只要想做,他就能做到。"凯伦补充道。

"嘿,詹姆士,你看这样好吗?让我们一起努力把这个项目做完,到你完全掌握了保时捷技能的时候,我们一起开个特别酷的庆祝会,怎么样?"

西蒙花费了一些时间跟詹姆士和凯伦一起讨论了庆祝会的细节。詹姆士提了不少的点子,从家庭野餐到游泳。最后,凯伦想出了一个好主意。

"有一件事他一直想做,但又一直没机会,是不是,詹姆士?"

詹姆士立刻点点头,很显然,他知道妈妈在说什么。

"你自己告诉西蒙是什么。"妈妈说。

"你能替我说吗,妈妈?"詹姆士有点儿害羞似的。

"詹姆士一直想去骑马,但一直未能如愿。"

"真的吗?詹姆士,你一直想骑马,是吗?"西蒙说。

詹姆士笑着点了点头。

"如果我能来安排,"西蒙说,"你愿意用骑马来庆祝你学会了保时捷技能吗?如果这个真的是你的愿望,我认识的一个朋友有自己的骑校,我想她肯定能帮我们搞定这件事。"

"那可太棒了,是吧?"凯伦说。

"啊,我要去骑马!"詹姆士兴奋地叫着,"我妈妈可以一起来看我骑马吗?"

"当然可以!"西蒙承诺道,"我跟你说,如果你学会了保时捷技能,就让你的妈妈也骑到马背上,怎么样?到时候我可以来接你和你妈妈,我们一起去马厩。"

"那爸爸能一起来吗?"詹姆士问。

"我们去骑马的时候,爸爸要在家里照看其他的孩子,所以他来不了。"凯伦解释道。

西蒙有了另外的主意,"跟你说,詹姆士,我可以带上摄影机,把你和妈妈骑马的过程录下来,制成 DVD。你可以把 DVD 带回家放给爸爸看,还可以保存它,好吗?"

詹姆士当然同意西蒙的做法,看上去更开心了。

凯伦也有了一个另外的好主意,"因为你爸爸不能来看我们骑马,所以骑马之后,我们一家人一起出去吃饭,怎么样?"

"我们一起去麦当劳吧?"詹姆士非常兴奋地请求道。

"可以呀,"妈妈回答说,"不过,我想最好找一个像样的餐厅,让我们一家人坐下来,好好地庆祝一下你掌握了的新技能。"

到了结束的时候了,西蒙对大家说:

"临走之前,我想对你们说,这次家访,你们全家人的努力合作给我留下了深刻的印象。我这样的一个陌生人,突然进入你们的家庭,要跟你们讨论在这个家庭里发生的事情,这对你们肯定很不容易,加上早上马蒂又走了。但是你们处理得那么好。留给我印象最深的是,凯伦是怎么帮助詹姆士整合他的计划,又怎么帮助他一步步地落实这个保时捷技能学习的。詹姆士,我真的很期待跟你一起学习。你的保时捷计划听起来是那么棒,我猜你一定有些好主意来实现它,对吗?我们是不是还要再见一面,来看看你要怎么实现它?"

詹姆士同意,于是约定了下一次的见面时间。

"好吧,有很多的方式可以让我们结束今天的会面。但是当事情进展得很顺利的时候,我愿意用一个特别的方式来结束:击掌!"

从詹姆士开始,西蒙跟家里每个孩子一一击掌,包括那个小宝宝。做完之后,西蒙说:"等一下! 我们好像漏掉了一个人,谁还没跟我们击掌? 我们把谁落下了?"

"妈妈!"詹姆士喊道。

"是啊,你的妈妈被落下了! 我们一起跟她击掌,好吗? 如果你做,我就做。怎么样?"

当西蒙和詹姆士跟凯伦击掌的时候,她忍不住大笑起来。

约谈结束时,西蒙说,他将跟詹姆士学校的老师取得联系,把詹姆士学习保时捷技能的消息告诉他们,以便取得他们的支持。

这次约谈之后,西蒙又跟詹姆士在他的家里见了几次面,他们在一起玩了游戏,西蒙帮助詹姆士更好地调整了保时捷计划的实施细节。他们也很快在学校安排了一次会议,邀请詹姆士的老师、班级里的支持者和校长,一起讨论詹姆士的保时捷技能,让他们一起支持詹姆士的技能学习。

几周以后,在学校召开的一次后续会议上,詹姆士的老师和他的支持者都一致称赞他,讲述发生在詹姆士身上的深刻变化。他们说,詹姆士在课堂上能够注意听讲,能够有礼貌地跟其他同学相处,做他的老师感到非常荣幸。因此,老师已经赋予他负责清理黑板的责任。此外,他还自愿帮助班里的一个有学习障碍的女孩子。詹姆士很激动地告诉西蒙,在过去的整整一周里,他都没有收到被责罚的蓝条子,相反,他还收到了被嘉奖的银奖章,要知道那可是 30 个好行为的绿条子才能换来的呢。

在整个项目的进展中,詹姆士爸爸的酗酒问题一直存在着,有三次因为酒后滋事被拘捕,给整个家庭造成了很大的伤害。尽管如此,爸爸也还是极力称赞詹姆士,夸他完全变了一个人。作为奖励,他替詹姆士报名到当地的板球俱乐部,这是詹姆士第一次成为校外俱乐部的会员。后来,詹姆士平生第一次被选为学校的代表参加了所在大区的板球比赛。

学习守时

八岁男孩,芬兰

这是芬兰的语言治疗师冉娅·瓦萨宁(Raija Vaisanen)为本书提供的三个故事之一。故事的主人公是个八岁的男孩,名叫奥利,来自芬兰。在这个案例中,治疗师只是选择性地使用了儿童技能教养法的其中几步:孩子的老师指出了这个男孩的关键问题,专家们把问题转为学习的技能,提出建议,获得孩子的认可。孩子没有给技能定义名字,没有想象的动物或超人的支持,也没有庆祝,但是在学校里的每个人,包括其他的孩子,都对他学习新技能给予了积极的支持。

冉娅被邀请去参加一个关于一个八岁男孩的会议。男孩名叫奥利,被诊断为ADHD（注意力缺损多动障碍）。大家期望冉娅给大家讲解一下ADHD,它的表现是什么,学校该怎样支持受ADHD困扰的孩子。会议期间,冉娅发现奥利的老师一直在抱怨奥利的种种问题:无法集中精力学习,根本就不记录老师留下的作业,不完成作业,干扰课堂秩序……足足有一长串。

为了对状况有更清晰的了解,冉娅问老师,哪一个行为是最干扰奥利一整天生活的?回答是:奥利从来不跟其他孩子一起在课间休息之后按时回到教室。他总是比别人回来得晚。回来后还要弄出一些不适当的举动来吸引其他孩子的注意,比如:坐到废纸篓上,弄纸球打其他同学的脑袋,或者做一些滑稽的表演……

确定了关键问题后,下一步就是要找到奥利需要学习的技能。答案非常简单:奥利需要学会在课间休息之后跟大伙儿一起回到教室。确定了要学习的技能以后,讨论会的气氛立刻就有了明显的转变,连谈论奥利的语调都不一样了。那些一直感觉挫败的老师们一下子变得活跃起来,纷纷想出各种富有创意的好点子帮助奥利学习技能来适应学校。

会议结束后,老师跟奥利说,大人们希望奥利学习一项技能,就是学会课间休息后跟其他孩子一起按时返回教室。奥利同意了。

计划是这么定的:在打铃前五分钟,学校的助理会过去提醒奥利,课间休息快结束了,比如会对奥利说:"马上就打铃了,快到进教室的时间了。"

实际实施时,助理一共提醒奥利两次:第一次是在差五分钟的时候,另一次是在马上就要打铃的时候对奥利说:"现在,就要打铃了。"

学校里所有的大人合力来支持奥利。老师们,食堂的师傅们,学校的助理——每一个人要是看到奥利能够跟其他孩子一起在课间休息后走进教室,都立刻会给予正向的反馈,说:"嗨,真棒! 你回来得真及时。"在校园里,如果助理看到奥利在往教室走,就会说:"真好! 你一听到铃声就准备往教室走了,真了不起。"

除了大人,孩子们也注意到奥利在学习跟他们一起回教室,也都参与进来支持奥利。

奥利的学习受到这么多的支持,每天被提醒这么多次,他都不需要制定如何面对"万一忘记了"的策略了,也不需要设计庆祝的环节,因为他每天从其他人那里收到的正向反馈足以支持他很快地学会这个新技能,并把它变成一个习惯保持下来。

不再害怕假面具

八岁女孩,芬兰

下面的故事来自芬兰的一位在专业精神病学注册的护士苏珊娜·杜劳宁(Susanna Tulonen)。这位护士使用儿童技能教养法帮助自己的女儿比雅克服了对假面具和假发的病态恐惧。这个故事让我们看到在开始练习新技能以前,充分建立孩子对学习技能的信心是何等的重要。你将会注意到,这个护士花了很多的时间帮助女儿意识到她自己此前已经有过很多克服恐惧的经验。当你知道自己曾经克服过了很多的恐惧,那么就会更有信心去克服新的恐惧了。

从幼儿园起,比雅就莫名地害怕假面具和假发。"五一"劳动节永远是她最艰难的日子,因为那天很多人都会穿上各种服装,戴上假面具走到街上游玩。离"五一"节还有好几个星期呢,比雅就开始恐慌了,因为她在学校看到了一个戴着橡皮女巫面具的男孩。那天,她一看到这个男孩就开始尖叫,疯了似的跑到一个锁着门的教室前面,试图进去。老师试着安慰她,她们试着让她看到那个面具后面其实就是一个小男孩儿,但毫无用处。仅仅是看到那个面具,哪怕那个男孩只是用手提着它就足以让她崩溃,让她惊恐万状。老师联系到她的妈妈,建议她带比雅去做心理治疗,因为她的反应实在有些超乎寻常。

劳动节快到了,比雅的焦虑日益加剧。她告诉妈妈,她那天不打算上学校了。不过,让事情有些复杂的是,偏巧同一天还有一个唱歌的"偶像"比赛,比雅非常想参加比赛,因为她是个很棒的歌手,很可能会获奖。一想到这些,比雅就很伤心,因为如果不能参加决赛,那么参加半决赛也显得没什么意义了,反正去不了决赛,选上了也没用。

在家里,比雅常常会被噩梦惊醒,都是关于假面具的梦。无论在学校还是在室外,她都生活在一个持续的恐惧状态中。

比雅的妈妈恰好在一个心理治疗的培训课上学到了儿童技能教养法,她决定在比雅身上试一试。比雅听到后,也很好奇。她迫切地想立刻就试。

对比雅来说,如果能够克服对假面具的恐惧,好处是显而易见的:她的父母不会再接到从学校打来的令他们担心的电话了;比雅可以去参加"偶像"比赛;她也可以平静地走在街上了。

妈妈请比雅给这个恐惧起个不一样的名字,因为只要提到"假面具"这几个字就会刺激到比雅,引起她的焦虑和极度反感。

"你想怎么称呼你的恐惧呢?这样我们就能避免使用那个你不喜欢的词了。"妈妈问道。

比雅想了一想说:"细碎的恐惧。"

"哦,为什么呢?"妈妈不解地问道。

"因为这样容易被改变呀。"

"你想改变成什么呢?"

"就像细碎的沙子很容易从手指中滑落一样,细碎的恐惧就应该很容易被改变呀。还有,细碎的恐惧也应该很容易被变成勇气。"比雅解释说。

"哇,你居然想出这么好的主意! 你还知道自己需要勇气去克服恐惧。你真是太聪明了! 太让我吃惊了。"

比雅在椅子上有些扭捏地吃吃地笑着,看上去很开心。

"告诉我,你想怎么称呼这个勇气?"

"惊人的勇气!"比雅回答道。

"好啊,你是怎么想到这个名字的呢?"妈妈问。

"因为不再有那个恐惧了就是一件很惊人的事啊。"

"对了,你以前好像也害怕过很多其他的东西,现在都不再害怕了,对吗?"妈妈问。

"是的,蜜蜂。我以前很怕蜜蜂,现在不怕了。"

"是吧?! 你是怎么做到的呢?你是怎么克服对蜜蜂的恐惧的?"

"我也不知道,"比雅耸耸肩说,"我就是不再怕了。"

"还真是的。还有其他什么你以前很怕的东西,现在不怕了呢?"

"有,所有那些恶心的小虫虫,比如蚂蚁、飞虫、甲壳虫和软体小虫子什么的。"

"看起来你以前还真的克服了不少的恐惧呢。你是怎么做到的呢?"

"我真的不知道!"比雅耸了耸肩说。

"可是,要克服那么多的恐惧,肯定需要很多的坚持和勇气呀,你一定有一些自己的妙招才做得到啊。"

"嗯,我先是仔细研究蚂蚁。当我收到那个'自然探索工具包'时,就用夹子收集了很多的蚂蚁,把它们放到罐子里仔细观察,然后它们好像就不再那么吓人了。"

"那其他的虫虫呢?你是怎么克服对它们的恐惧的?"

"哦,那就是我们在游泳池里玩耍的时候吧。在游泳池里的时候是那么好玩,就忘记去注意那些飞虫了。我有时候还会用网子捞出一些死了的小虫子呢。有时候遇到还没有死掉的虫子,就算是把它们救出来了,救小虫子真的很好玩!"

"你真是太棒了! 还有没有什么你以前很怕,后来变得不怕了的东西呢?"

"有! 还有一个东西——我也不再怕鬼了!"

"真的耶,你以前吓得要死。这可是很大的一个恐惧呀,不是吗?你是怎么克服这个恐惧的呢?"

"因为我长大了,知道根本就没有鬼这回事,是小孩子想出来的罢了。我还曾经检查过床底下,看看有没有鬼,结果什么也没发现。所以我知道它根本就不存在,就不怕了呀。"

接下来,妈妈告诉比雅,她需要一些支持者来帮助她获得那个"惊人的勇气"。妈妈解释说,支持者就是一些愿意帮助她,并在她取得进步时表扬她的人。比雅决定,除妈妈之外,她还要爸爸、小妹妹、爷爷和她的两个同学来做她的支持者。

"把细碎的恐惧变成惊人的勇气可是件大事情! 如果你做到了,想要怎样嘉奖自己呢? 是要一个聚会,还是要一个其他的什么庆祝呢?"

"聚会! 对,要一个聚会!"比雅高兴地喊着,"我要邀请苏子、玛姬、贝蒂……"比雅说出了一个长长的名单。

"没问题,我们可以邀请她们来聚会。你想在聚会上给你的客人提供些什么呢?"

"可乐、蛋糕、冰激凌、土豆片、糖果,还有惊喜。"

"哇,这个聚会一定会很棒哦!"妈妈说,"那么比雅,你有什么好主意吗?你要怎么练习你的惊人的勇气呢?我是说,就像你当初练习克服对蚂蚁的恐惧那样。"

"我要学着习惯这些劳动节的假面具。不只是那些平常的假面具,也要习惯那些非常恐怖的假面具。"

"你打算怎么做呢?你怎么才能习惯那些非常恐怖的假面具呢?"

比雅想了一会儿,然后说,"我可以先看看人们戴着假面具的图片。"

"哦,这真是个好主意。我们可以从互联网上找一些图片给你打印下来,然后把它们整理成一个图片集,你就可以看了。你还有别的什么主意来练习这个惊人的勇气吗?"

"要是我能变得习惯这个图片集里的图片了,我就可以找一个假面具给自己戴上,然后从镜子里看看自己。"

"天哪,这实在是太棒的主意了。你想让我们说什么来提醒你去看这些图片呢?"

"你们可以说,'比雅,真棒！你马上就能实现自己的目标了！'"

"好吧,你就是想让我们对你说'比雅,真棒！你马上就能实现自己的目标了',对吗？"

"是的！"

"好的,成交！我们现在就去让其他人也知道这件事,好吗？"

妈妈帮着比雅从互联网上找到很多戴假面具的图片,并打印出来。其中大多数的图片都来自销售万圣节服装和道具的网站。她们把这些图片粘到纸上,再装订成册变成一个有50页的图片集,里面有些图片看着相当恐怖。比雅还想出自己的办法去适应这些恐怖的图片,她设法给每个假面具都起了一个可笑的名字,每次看着这些假面具,想起这些好笑的名字就会忍不住发笑。这样一来,本来很吓人的图片就变得很搞笑了。比雅非常努力和勤奋地练习着,她有时一天会看上三遍。她的妈妈和她的支持者都会想方设法用她需要的语言来鼓励她:"比雅,真棒！你马上就能实现自己的目标了！"

在第一次讨论过后的一周左右,妈妈收到了一条彩信。那是比雅发来的照片,是比雅在学校穿着一套尸骨架服装的相片。

比雅赢得了他们班级"偶像"比赛的第一名,但是老师没让她去参加"五一"节全校的比赛,因为他们觉得她还处理不了那个大场面。尽管很失望,"五一"节的时候比雅还是来到了学校。她穿着那个尸骨架的服装,再也没有一个假面具能够吓到她了,即使是那种以前会吓得她半死的最恐怖的假面具。实际上,在整个的比赛过程中,她从始至终都坐在那个戴着女巫面具的男孩旁边,感觉非常开心。对她来说,那个女巫假面具一点儿也不可怕了。实际上,好像还有几分滑稽可笑呢。

"五一"劳动节两周后,比雅的庆祝会举办了。聚会完全按照比雅的愿望准备,大家还一起玩了游戏。另外,比雅的爸爸妈妈还给了比雅一个惊喜:他们组织了另外一个"偶像"比赛,比雅得了第二名。

"细碎的恐惧"已经转化为"惊人的勇气"。比雅再也不怕那些假面具了,她为此感到骄傲。她觉得,以后如果还有什么吓人的东西出现,她知道该怎么做了。

一个孩子，三个技能

九岁男孩，荷兰

这个故事是荷兰的家庭治疗师约翰·基斯特（Johan Kist）提供的。约翰供职于荷兰德伦特镇（Drenthe）的一家深度精神病家庭服务部门。他的主要工作是为他的客户在他们的家庭内部提供指导和咨询。这个故事讲述了如何运用儿童技能教养法帮助孩子面对多重的困扰。在处理这类的案例时，把最困难的问题暂时搁置，从比较简单的一两个技能着手通常是比较明智的。这样的做法可以先让孩子对这个方法建立信任感，并增加孩子的自信心。这个故事里的九岁男孩最严重的问题是因为拒绝使用厕所而总是弄脏衣裤。治疗的过程是先让孩子成功地学习了两个比较简单的技能（一个由父母提议，另一个是孩子自己提议的），然后才回来处理这个严重问题。

简是个九岁的男孩。他的父母为了他来到深度精神病家庭服务部门寻求专业的帮助。家庭治疗师约翰接下了这个案例。约翰通常喜欢用儿童技能教养法来处理孩子的问题。在长达近一年的时间里,他一直跟这个家庭在一起工作,差不多每周要去探访一到两次。

这个家庭有很多的困扰:一个家长因为精神疾病常年使用药物。年长的儿子和小妹妹也都有健康问题。处理简的问题只是约翰工作的一部分。

当约翰第一次探访这个家庭的时候,家长希望先解决约翰的问题。他们说,约翰最大的问题是拒绝上厕所。他不仅把大小便解在裤子里,还经常把这些排泄物抹到自己的衣服上,甚至自己房间的家具上。家长抱怨说,他们根本弄不清这孩子是怎么想的,因为他从来也不吭声,家里的任何事他都不发表任何见解。他们还说,都这么大了,他居然还不会骑自行车。

听过家长的这些抱怨后,约翰跟他们介绍了儿童技能教养法,问他们是否愿意考虑用这个方法来帮助简。家长们认为,这也许是一个好机会,这个方法也许可以对简有所帮助。

"你们觉得我们应该从哪里开始呢?在你们提到的这些问题里,应该先从哪个下手呢?"约翰问。

家长想了一想说:"最容易的也许是要让他先学着开口,告诉我们他对一些事情的看法。如果他能够学会这个技能,也许就能用这个方法帮助他处理其他的问题。"

"你们有没有想过这样的可能性",约翰问,"如果他学会告诉你们他对各种事情的想法和看法,可能就会说出一些让你们不容易接受的话?"

家长说,他们意识到有这个可能性,但他们还是觉得宁可让简学着说出自己的想法,而不是为了保护家长的面子什么都不说。于是决定,下一次约翰来访的时候,邀请简一起参与他们的谈话,并把这个计划告诉他。

"我已经跟你的父母谈过了",在接下来的来访时,约翰对简说道,"他们希望你能够学会更好地表达你的想法——他们想让你学会告诉他们你对家里发生的事是怎么想的。他们说,看到你有时候不高兴,但却不知道是什么让你烦心。他们猜测,你不说是因为怕伤害他们,你想用不吭声来保护他们的感觉。但是他们非常想让你学着说出你的想法,特别是在你不高兴的时候,他们宁可让你说出来,而不愿意看到你不高兴却不知道为什么。"

约翰看见简的眼泪一下子就流出来了,他承认,让他说出自己的感觉和想法是件不容易的事。

"简,你感觉怎么样?这个主意对你有好处吗?"约翰问道。"你愿意学着更好地跟你的父母亲表达你的想法和感觉吗?"

简说"是的",于是达成约定,开始使用技能教养法来帮助简学习掌握这个技能,即"我能对事情发表看法"。

约翰问:"学习这个技能对你有好处吗?"

"是的。"简回答。

"我也觉得有好处。"约翰说,"可是你能告诉我,它都会给你带来哪些方面的好处吗?或者说为什么学会表达对事情的看法对你有好处呢?"

简想了想,似乎很难一下子找到答案。约翰也不急,只是慢慢地等着。最后,简说,"我不会再肚子疼了。"

"哇! 简,这是个很好的例子,你是说一旦你学会跟爸爸妈妈说出你对事情的看法,就不再肚子疼了,对吗?"约翰重复着,"非常好。你看,你已经在做了。你正在给出你对事情的看法。还有吗?学会表达自己的看法还有什么其他好处吗?"

简很费力地想了半天,什么也没有想出来。约翰于是转向父亲,问了同样的问题:"您觉得学习这个技能对简有什么好处?"

"我可以更多地考虑到他的感受。"爸爸说。

"您呢,妈妈?"约翰说,"您觉得学习这个技能对简有什么好处呢?"

"我想他会更快乐一些,而且我们一旦知道了他在为什么担心或者烦恼,就更容易帮到他。"妈妈解释道。

"嗯,我在想一件事。你们看,'我能对事情发表看法'作为一个

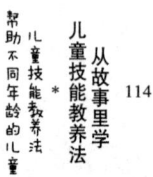

要学习的技能,名字是不是太长了些?我们能找到一个短一点儿的吗?简,你有没有什么想法,给你的技能起个短一点儿的名字?"约翰问道。

"蛇!"简毫不犹豫地说。

"蛇技能! 好啊,这可真是个好名字。你愿意邀请谁来帮助你学习'蛇技能'呢?谁能做你的支持者呢?"简想邀请他的爸妈,还有约翰来做支持者。另外,他还提到他的老师和学校的一个好朋友,他们都很善于表达,也可以做他的支持者。

"嗨,你看,这里有三个你的支持者。"约翰说,"现在你可以直接请我们来做你的支持者呀。"简于是请求他的爸爸妈妈和约翰做他的支持者,每个人都答应了。"你打算怎么邀请你在学校的老师和同学呢?你打算像邀请我们一样地去邀请他们吗?"约翰问道。简说他要跟妈妈一起去邀请。

"您觉得简能学会这个蛇技能吗?"约翰问简的爸爸妈妈。

"当然!"爸爸说,"他是个聪明的男孩子,如果他肯用自己的聪明去学习,就一定能够学会的。"

妈妈点头附和着爸爸,还增加了更有说服力的一个事例,证明简不久前还对一件事情发表过他的见解。

"你知道吗?我也觉得你能够学会这个蛇技能,"约翰说,"实际上,我已经看到你这么做了。你说,如果你能够学会有烦恼时就去跟父母表达你的感受你就不会肚子疼了,这就是在使用蛇技能啊。"

约翰还没来得及提到如何庆祝学习成功,简就已经在练习本上看到了这一步。他主动地说起对这一环节的想法:"我不想有什么 party 或者蛋糕糖果。要是能够学会这个技能,我只想要一个能自己动手组装的船模型。"

爸爸妈妈答应了他的这个愿望。约翰说,如果简自己能把船组装起来,他会很好奇地想来看一看呢。

谈话于是转向下一个问题,即"简要把学习蛇技能的事告诉哪些人呢"?简一点儿也不觉得公开他的"蛇技能"学习有什么好处,他甚至都不愿意让他的哥哥知道这件事,因为他怕哥哥拿他开玩笑。他的父母同意不刻意公开,只是不能保证完全不让别人知道。总之,原则上决定只把简学习蛇技能的事告诉几个支持者就足够了。

"好了,简,告诉我你会怎么表达你对事情的看法呢?比如,你会怎么说呢?"约翰问。

"我怎么知道?"简反问道,"我要是知道就不用学了,不是吗?"

"喔,"约翰点点头,转向简的父亲说,"你说得对,他真是个聪明的男孩子。"

"我只是想,你可以做些什么来学习这个蛇技能呢?"约翰说道,"你觉得要怎么练习你的蛇技能呢?"

"我猜,就是去做呗。"简说。

"好啊,都有哪些方法能帮你(去做)呢?"约翰问。

"呃,我要把这个海报贴在我房间的墙上来提醒我这个蛇技能。"简自己建议道。

"这个主意太棒了,简。"约翰说。

"你们会怎么帮助简学习呢?"约翰问家长。

他们想到可以为简创造一些练习的机会,比如通过有意识地对简提一些问题,让他练习表达自己的看法。他们想到的问题包括,"你想要什么?""你觉得这个怎么样?""你对这件事有什么看法?"简同意爸爸妈妈的主意,大家决定立刻试一下。简的爸爸妈妈很容易就找到了一些问题来跟简练习,比如:"如果我们告诉你,今天晚上我们要去邻居家做客,你会怎么想?""要是我们告诉你,你的姑妈要来这里住几天,你觉得怎么样?""如果我们告诉你,你需要照顾妹妹一会儿,你会说什么?"简对爸妈的提问逐一表达了自己的想法,立刻赢得了大家的赞赏。

于是一个计划诞生了:简的爸爸妈妈至少要每天一次问一问简对一些事情的看法,简则要试着回答这些问题。约翰的角色就是跟踪整个项目的进展,每次来访都要问一下简或简的爸妈,练习进行得怎样。

按照计划,简的父母每天都会问简一个或者多个问题让他发表看法。约翰也会在每次来访的时候关注练习的进展。对于简的父母所做的努力,约翰给了他们很多的赞美和鼓励。简迅速地进步着。作为这个项目的边际效应,简的父母感觉他们彼此之间的互动和表达也越来越好了,从前他们之间那种紧绷的感觉也开始缓解了。

"你的蛇技能进展如何?"约翰在一次家访时问简。

"多数的时候挺好的,但有些时候还是挺难的,因为我能感觉到我的肚子事后不太舒服。"简解释道。

"我知道,不总是那么容易的,"约翰说,"不过,当你发现很难表达的时候,你想让别人说点儿什么来帮助你吗?"

"他们可以告诉我'想一想你的蛇技能'。"简说。

就这样,坚持练习了三周,简和他的父母都觉得他已经取得了很大的进步了。可以给他买那个自己组装的船模了。他们在家里搞了一个小型的聚会,简自发地感谢了他的父母,他的朋友,还有约翰的支持。简得到了他想要的那套船模,第二天花了整整一天的时间跟他的爸爸一起把它组装了起来。在约翰下次来访的时候,简很自豪地把这个模型展示给他看。

还没等到约翰提议,简自己就主动提出要用儿童技能教养法来学习骑单车。找到支持者,并做了计划,等到约翰下一次来家访的时候,简很自豪地向他展示了自己骑单车的本领。

不仅简本人,而且整个家庭都对儿童技能教养法取得的成果欣喜不已。

学会好好地下楼梯

十岁男孩,芬兰

　　来自芬兰北部城市的一位语言治疗师冉娅·瓦萨宁（Raija Vaisanen）提供了下面的这个故事。其实您也许已经读到过她提供的另外两个故事了,用"屎王"训练坐便盆（五岁男孩）和学习准时（八岁男孩）。这里提供的故事是关于一个十岁男孩威利如何学习好好下楼梯的。威利被精神科医生诊断为全身性发育迟缓,其症状是由于发育迟缓引发的一系列的包括阅读、说话和行为等各方面的问题。这个故事告诉我们,一定要确保孩子知道他要学习的技能,这实际上就是一个练习。

对威利来说,在课间正常地走出去是一件极其困难的事。他根本就不会好好地走,总是以极快的速度从三层的楼梯上飞奔而下,并发出很大的噪声。

"如果威利的问题是在下楼梯的时候狂奔,他要学习的技能是什么呢?"冉娅在有关威利问题的讨论会上问各位老师。没有费什么事儿,老师们就找到了答案。威利需要学会安静地走着下楼梯(而不是狂奔而下)。

会后不久,一个老师就找到威利。他告诉威利,老师们开了个会谈到他,都认为威利应该学会在课间休息的时候,安静地走着下楼梯。做到这一点很重要,因为这样可以避免威利和其他同学受到不必要的伤害。

为了让威利理解他们到底期望他怎么做,还专门做了一个演示。

"威利,让我们看一看你是怎样好好地走着下楼梯的,好吗?"威利的辅导老师说,她站在楼梯的顶端。威利的班主任老师站在楼梯的下面抬头看着他们。

"我们先一起走一遍,好不好?"辅导老师说着,跟威利牵着手一步一步地走下楼梯。

"哦,你是说要走得这么慢吗?"当他们牵手走到楼梯下面的时候,威利问道。

"是啊,我的意思就是这么慢慢地走下来。现在,你准备好自己试着走下来了吗?"老师问他。

威利准备好了,辅导老师站在楼梯的上面,班主任站在下面看着他,接到"预备,走!"的指令后,威利一步一步地走下楼梯,完美地展示了他刚刚学到的技能。

整个学校的员工,从守门人到校长,都被调动起来支持威利学习新技能。每个人看到威利能够不慌不忙地走下楼梯时,都会由衷地夸赞他:"哇,威利,你下楼梯表现得真好!"

仅仅个把周的时间,威利就学会了好好地走下楼梯。

改掉说脏话的坏习惯

十岁男孩，瑞典

堡兰塔（Plantan）是瑞典的海滨小城胡迪克斯瓦尔（Hudiksvall）的一所辅导学校。这个学校的规模很小，小到平均只有六个孩子，有时候多几个，有时候还会少几个。学生的年龄介于八岁到十二岁之间，他们被送到堡兰塔都是因为他们有严重的行为问题。学生们待在这个学校的时间从半年到三年不等。这个故事是在堡兰塔学校执教的老师洛塔安德森－丹贝格（Lotta Andersson－Damberg）讲述的。它很好地诠释了跟孩子一起合作找到预防退步的方法是多么重要。的确，"预防退步"在整个的技能学习中是非常重要的一个环节。

儿童技能教养法已经成为堡兰塔学校日常生活的一部分。时不时地，学生们就要坐在一起看一看他们下面要学习什么技能以及怎样学习。每个学生都有自己技能学习的练习本，另外，教室的墙上还有一个大大的海报，上面有每个学生的名字和他们正在学习的技能。每隔几周，经过积极主动的技能练习和每日的评估之后，就会按计划召开一个集体庆祝会，在庆祝会上，学生们会对自己所取得的进步加以肯定。

学习技能的做法对堡兰塔的孩子们来说是再普通不过的了。毕竟，他们都知道自己被送到这里是有原因的，对普通学校来说，他们的行为实在太过分了，所以不得不被送到这样的特殊学校的特殊班级里。在这里，学生们互相支持和互相帮助是不言而喻的事，一旦哪个孩子忘记了他的技能，就会有人提醒他。

莱纳斯是个十岁的男孩。他在新学期开始的时候来到了堡兰塔，随即得到了一本儿童教养法的练习本。莱纳斯很好奇，不知道这个练习本是干什么的，其他的孩子马上就过来给他解释。莱纳斯跟老师一起讨论了自己需要学习的技能，同意先学习"不说脏话"的技能，也就是要学习得体地讲话。奇怪的是，他给这个技能起的名字叫"荷摩"（Hejmer），这是他自己家族的姓氏。

莱纳斯跟老师一起谈论学习"得体地讲话"的好处，对他来说，最大的好处是可以避免被别人斥责。老师认同他的说法，并指出不用去斥责他，也是学习这个技能带给别人的好处。老师还补充说，学习得体地讲话，可以让别人感觉舒服和更愿意与他相处。至于支持者嘛，莱纳斯提到学校里的老师们，其他四个同学和他的父母。此外，莱纳斯还提到一个叫纳文的支持者，这是他想象中的一个朋友，个子矮矮的、瘦瘦的，很贴心。开始筹划如何练习这个技能之前，老师问他"要是掌握了这个技能，希望如何去庆祝"，莱纳斯脱口而出：他想在学校办一个派对，邀请所有的支持者参加。派对上要有可乐和蛋糕，大家还可以一起看电影。

莱纳斯已经很清晰地决定了自己要学习的技能了。如果其他人能够告诉他，为什么他们也相信他能够掌握这个技能的话，就会让他的信心大增。一个老师在莱纳斯的练习本上写道："莱纳斯，你有很强的意愿去学习'做对的事，说得体的话'，所以我相信你一定能够很快地掌握这个技能。你是个顽强的小男生，只要是你想做的和感觉对自己有好处的事，你就一定能够把它们好好地呈现出来。"

当问他万一不小心忘记了，又说了脏话该怎么办的时候，莱纳斯说，"我不在乎，我会坚持继续练习。" 就这样，他开始了练习，非常努力地试图避免使用脏话和不得体的话。当他忘记了，不小心又说了脏话的时候，老师和其他同学就会提醒他。开始的时候，他很容易被别人的提醒激怒。经过讨论，他开始意识到如果自己真的想掌握这个技能，就有必要让别人在听到他口吐脏字的时候提醒他。尤其是当他明白每个人在开始学习新技能的时候都会遭遇失败时,他渐渐地能够接受别人的提醒了。

三个礼拜过去了,大家一致认为莱纳斯已经掌握了这个技能。派对在学校如期举行。莱纳斯在派对上感谢他的支持者对他的帮助。不久之后,莱纳斯就开始了他的下一个技能的学习。他的下一个技能的名字叫作"举手发言"。每当莱纳斯说话不小心带出脏字的时候,他的支持者都会提醒他,让他回归正途。比如,有一次他的同学听到他说脏话了,马上对他说:"你又说脏话了。你忘记你的技能了吗?你不记得你在圣诞节前练习的不说脏话的技能了吗?"

在堡兰塔学校的孩子们,非常享受儿童技能教养法。对他们来说,学习技能是"我们自己的事"。每个孩子都有自己要学习的技能,大家感觉是一样的,没有分别。在堡兰塔学校有一句格言:"孩子是没有问题的,只有要学习的技能。"

克服对蜘蛛的恐惧

十岁女孩,芬兰

这个故事是苏珊娜·杜劳宁（Susanna Tulonen）提供的。苏珊娜来自芬兰西南部的一个名为奥拉（Aura）的小城,是一位精神科护士,也是焦点解决治疗师。这个故事是关于如何使用儿童技能教养法帮助孩子治疗恐惧症的。这个案例告诉我们,儿童技能教养法与其他的治疗方法并无冲突,相反,它可以与其他治疗形式的治疗同时展开。在这个案例中,就伴有长时间的心理治疗。

劳拉是一个十岁的女孩,她从四岁起就饱受蜘蛛恐惧症的折磨。她发病的起因是有一天突然在房间里看到了一个蜘蛛,引起过度恐慌,以至于她的父母不得不带她去了儿童医院的急诊室救治。虽然劳拉从惊恐中恢复了过来,但从此对蜘蛛产生了强烈恐惧。

她的这种恐惧症非常要命。特别是到了每年夏天的这几个月里,他们住在乡下的房子里到处都有蜘蛛,一点儿办法都没有。她的父母向儿童精神治疗的医生寻求过帮助,尽管做了各种各样的评估和大量的心理学测试,一点儿都没有帮助。劳拉九岁的时候,医生告诉她的父母,劳拉情绪紊乱,有几种不同的人格障碍的特质,这些都是由于她对蜘蛛的极度恐惧造成的。基于这一诊断,劳拉被转诊到心理治疗所做持续三年的密集型的心理治疗。

尽管劳拉已经开始了心理治疗,她的父母对她的状况还是有很多的担忧和难过,特别是看到恐惧症给劳拉的学习带来的一系列问题。老师很变通,准许劳拉不参加那些跟蜘蛛有关的自然科学的课,自己去图书馆学习。但她的爸妈还是担心劳拉会因为这件事被学校里其他的同学欺负。

不久前,他们听说了儿童技能教养法,尽管心存疑虑,还是决定试一试。他们联系到苏珊娜请求帮助。苏珊娜答应到家里跟劳拉谈一谈。苏珊娜拿出儿童技能教养法的练习本跟劳拉解释了这个方法,劳拉表示愿意试一试来摆脱自己的"Zhi – 恐惧"症——她不愿意说出蜘蛛这个名字,所以用"Zhi-恐惧"症来替代。

谈话开始的时候,他们一起讨论了恐惧症给劳拉带来的种种问题。劳拉提到了几个问题,包括她不能参加学校的所有课程,因为她怕其他同学发现了自己的恐惧症会欺负她;夏天的时候她也不能到游泳池游泳,因为水里总是有一些蜘蛛。

"我就是没法控制自己,哪怕水里只有一个死了的小蜘蛛,我也不敢进去。"劳拉解释着。她一直都没有告诉别人为什么她会避免在游泳池里游泳。她总是装模作样地跟别人抱怨"水太凉了"。提起这些事,劳拉几乎要哭了出来。她说,有时候因为别人说话时不小心提到蜘蛛两个字,她都会忍不住要哭出来。说到这件事的时候,她居然说出了"蜘蛛"这两个字。

"我不喜欢在朋友面前哭。"劳拉补充道。

"让我们看看好处吧。要是你不再怕蜘蛛了,对你有什么好处呢?"苏珊娜问道,她也故意说出"蜘蛛"这两个字。

"至少有一个好处,我可以参加学校所有的课程啊。而且我不会在别人一提到蜘蛛俩字时就想哭(她自己又一次提到'蜘蛛'这两个字)。还有,我可以去游泳了。是的,我就不用老是盯着游泳池的池底去看有没有什么东西,我可以放松地跟朋友们待在游泳池里玩,想在那里待多久就待多久……"

"我就不用每天晚上为了确保没有蜘蛛而搜遍房间的每个角落

了。"劳拉补充道,她看起来有点儿尴尬。

"能这么想真的很好啊。你还能想到其他什么好处呢?"

"也许要是能把它们装到罐子里,跟它们玩一玩也挺有趣的吧?"劳拉这么说的时候,声音里有一点儿好玩,也有一点儿厌恶的感觉。

"你真是个非常聪明的女孩儿。听起来,你对这件事已经想了很多了,就好像你自己事先已经把儿童技能教养法的作业做过一半了一样。"

劳拉只是点了点头,然后问起下一个任务,好像非常急切地要参与到下面的工作,或者说进入到下面的环节里。

一直以来,劳拉对蜘蛛是那么恐惧,就连从嘴里吐出这两个字都觉得困难。所以对她来说,给这个恐惧起个名字是件很不容易的事儿。想来想去,她想到了一个主意,管它叫"Zhi – 恐惧",不过看起来又并不满意自己起的这个名字。

"如果你试着想一个有趣的名字,是不是就容易给你的恐惧找个好一些的名字了?"苏珊娜问。

"珍珠恐惧!"劳拉大叫着。

"咦,这是个不错的名字! 你是怎么想到的?"

"珍珠听起来跟蜘蛛很像,但是我可以说出这个名字,没有恶心的感觉。哈,这是个好玩的名字!" 劳拉拍着手兴奋地说。

"这个想法不错呀!"苏珊娜说。

"是的,我知道我需要摆脱那个珍珠恐惧。我想,如果要变得不再害怕它们,我就得有一个念头或者什么样的一个东西,让我可以去转化它……我想我需要学着勇敢一些,或者有点儿什么不同的想法,才能让我变得不再怕它。"

劳拉一直自言自语地说着她的那些想法,苏珊娜几乎插不上嘴。

"太棒了!"终于轮到苏珊娜说话了。"看得出,你以前一直都在想这件事。你非常有创意,好像已经清楚地知道该如何摆脱你的珍珠恐惧了。"

劳拉似乎并没有被苏珊娜的赞美所打动,她在想着更远的事。

"如果我想摆脱珍珠恐惧,就需要有勇气,那个勇气是珍珠勇气,对吗?如果我有了珍珠勇气,我就再也不怕它们了。或者是……"劳拉看着苏珊娜的眼睛,等着她的回答。

"是的,"苏珊娜肯定地说,"看来你真的是想通了这件事,而且都是自己想出来的。哎呀,你根本就不需要我了。也许我可以离开一会儿,去喝杯咖啡,让你独自把这个练习做下去了。"苏珊娜开玩笑地说。

"不!不!你哪里也不能去。"劳拉笑起来,"你必须坐在我的旁边,万一我突然什么都想不出来了,你得帮我!"

"你记不记得以前有过什么其他的恐惧,后来消失了呢?"苏珊娜问。

劳拉想了想,突然说道:"黑暗! 我不再怕黑了。我以前总是开着灯睡觉,最近学会了关灯睡觉,我不再害怕黑暗了。你知道吗?有时候因为看书开着灯睡着了,半夜醒来时还会感觉灯光很烦,因为它影响我接着睡觉啊。"

"哇,这个太厉害了。你到底是怎么克服了这么大的问题的?"苏珊娜赞叹着。

劳拉完全没有被打动,继续着她的陈述:

"我也不再怕小虫子了。"

"小虫子?什么小虫子?"

"那些小飞虫和那些软体小虫子什么的呀。你知道我说的是什么。"

"哦,我知道。可是你是怎么成功地克服了这两大恐惧的呢?你一定有很多的坚持、勇气和一些方法才做得到啊。"

"对我来说,很简单! 如果我想要什么,或者决定了要去做什么,我就一定会去做的。必须承认,开始的时候确实很难。最初,它们看上去真的不可爱,甚至相当恶心。有一天,我决定用一个木棍去捅一捅那个带毛的软体小虫子,发现它好像一点儿都不恶心了。"

"哇,你比我有勇气耶! 就这些了吗?或者你还记得曾经克服过什么其他的恐惧吗?"

劳拉想了想,咯咯地笑了起来:"怪物。"

"怪物?"苏珊娜问道。

"是的,就是那些藏在床底下的怪物。我原来很怕的,现在长大了,我知道它们根本就不存在,那只是小孩子想象出来的东西。"

"你真勇敢,也真的很聪明。能想清楚'怪物不存在'这件事需要很聪明的脑袋瓜呀。我必须说,能够克服这么多的恐惧实在是一件相当了不起的事。这让我相信,你一定也会克服珍珠恐惧的。我敢担保!"

劳拉咧着嘴笑了,她问:"那下面呢?"

苏珊娜对劳拉解释说,为了克服珍珠恐惧,并把它转化为珍珠勇气,她需要加油和坚持。另外,她还需要找一些愿意帮助她和鼓励她的支持者,这些支持者能够督促她坚持练习技能,并且在看到她练习和做得好的时候表扬她。

劳拉想了想说,她要自己的妈妈、爸爸和姐姐来做她的支持者。

当她在本子上写上这些支持者的名字时,苏珊娜问道:

"你有把你的恐惧告诉过你的朋友吗?"

劳拉说她只告诉了两个女孩,她的朋友,因为她相信她们绝不会用这件事欺负她。这两个女孩子的名字因此也被作为支持者写到本子上了。

"还有吗?"苏珊娜问。

"没有了,没有其他人了。我不想告诉更多的人。"劳拉很确定地说,接着又问起下面的功课。

"你的下一个功课是找出一些练习的方法,可以帮助你把恐惧转化为勇气。"苏珊娜解释着,"就像你以前为了摆脱那些恐惧做过的一样。"

劳拉变得很严肃,也许是因为这正是她需要面对的问题。

"我不敢看那些图片。我就是不敢看。哪怕就是想一下那些图片我都感到厌恶。我不敢翻看任何自然科学的书,生怕里面有它们的图片。"劳拉用很严肃的声音说道。

"这倒是。你看起来已经把自己不敢做什么都想清楚了,可是你知不知道自己敢做什么呢?你能做什么呢?"

劳拉想了很长的时间,苏珊娜没有打扰她。她自言自语地说:"我应该意识到,它们怕我其实比我怕它们还要多……毕竟我比它们大那么多……我应该想办法意识到这一点……"

突然,劳拉有了主意:"我知道了!"她大声地喊道,"我可以从了解它们开始。"

"好啊,听起来很令人兴奋。可是你到底要怎么去了解呢?"

"我可以通过阅读来了解它们啊。你看,我总是喜欢阅读的,我也喜欢看有关自然科学的节目。我可以找到很多有关蜘蛛的知识,了解了之后我就不用再怕它们了。"

"这真是个绝顶的好主意!"苏珊娜赞叹道,"我从来没遇到像你这么聪明的女孩儿。"

对于苏珊娜由衷地称赞,这一次劳拉开心地笑了起来。显然,她对自己能想到这么好的主意感到骄傲。

"你肯定能从书本上得到很多有关蜘蛛的知识,但是还有没有其他的途径可以得到这样的知识?"

"有啊,我还能从互联网上找到。"

"是的,我也觉得是这样的。互联网上有各种各样的知识,肯定也有很多有关蜘蛛的知识。"苏珊娜说着,注意到劳拉有点儿不对劲儿。她兴奋的神情中似乎有一丝丝的不自在,还需要问问清楚。

"你打算怎么开始阅读它们呢?"苏珊娜问。

劳拉的声音变得严肃起来:"还真挺难的,因为我不敢看那些图片啊,可是所有的书里都有图片。我只想读那些文字,不想看图片,至少现在还不能看。"

"这确实是个障碍。不过,你这么聪明,肯定能找到好方法的。你知道自己现在还不能看图片,你只是想先读文字,这样很好,也很明智。慢慢地,过一段时间你就能够看图片了。"

"就是这个意思。"劳拉说。

"可是,你要怎么做才能只阅读文字而不看图片呢?"

"要是有什么办法能把那些图片给遮住就好了。"劳拉自言自

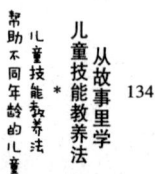

语道。

"好主意！"苏珊娜说，"你觉得你的支持者能够帮你做这件事吗？"

"我想，他们可以帮我想办法把那些图片给遮上。"

"真遗憾，图书馆已经关门了，我真想现在就去读那些书。"劳拉说。

"你真是一个有勇气和决心的女孩！你已经决定要征服你的珍珠恐惧症了，我看得出来。"

没想到在劳拉的家里还真找到了一本自然科学的书，里面有一个章节就是关于蜘蛛的。劳拉的爸爸妈妈很乐意帮助她把那些图片给遮挡起来，这样劳拉就能够立刻开始阅读了。

"我们还可以计划一下，如果你征服了你的珍珠恐惧，该怎么庆祝或嘉奖你自己呢？"苏珊娜建议道。

劳拉想了一下，对开个派对一类的嘉奖似乎没有什么兴趣。她说，反正夏天到来时总是要有生日派对的。她更想得到一个宠物，比如一只狗狗，或者一个仓鼠。

"这个你需要跟你的父母来讨论，不过我敢肯定，你们一定会达成某种协议，想出一个嘉奖方案的。"苏珊娜说。

苏珊娜跟劳拉解释说，你知道吗？即使你已经能够克服你的恐惧了，有时候也还会有反复，也就是说你的恐惧有时候还会回来，这是很正常的。她问劳拉,"如果哪天你的恐惧回来了,你希望你的支持者怎么帮助你呢?"

"你知道的,在克服这个恐惧之前,我已经克服过了很多其他的恐惧了。"劳拉直视着苏珊娜的眼睛宣称道,"如果他们能提醒我说,'嘿! 想一想那些你曾经克服过的恐惧',就足够了。"

在苏珊娜准备离开的时候,劳拉的手上已经拿到了那本自然科学的读物了,里面所有的蜘蛛图片都已经让劳拉的爸妈用小纸片给小心遮挡起来了。她几乎把鼻子都贴在了书上,读一段关于芬兰蜘蛛的文字。

"你们听这一段,"在苏珊娜将要离开房间的时候,劳拉念道:"……雄性蜘蛛在交配之后必须要非常小心,才不致落入雌性蜘蛛的口中变成一顿午餐……刚刚交配完毕就成为另一半的午餐是不是太不公平了?"

听到劳拉的话,大家相视而笑。

临走之前,苏珊娜跟劳拉的爸妈交换了一些想法。他们显然对这个方法持有怀疑,但还是同意尽全力支持劳拉。

"劳拉是一个很聪明的女孩。取得飞快的进步不是一件不可能的事。请跟我保持联系,有事的时候及时通知我。"苏珊娜嘱咐完毕,离开了劳拉的家。

第二天,苏珊娜接到劳拉妈妈打来的电话。她告诉苏珊娜,劳拉想让她的爸妈给她买一个塔兰泰拉（Tarantella，一种致命的毒蜘蛛）作为宠物。

苏珊娜一时无语，有些困惑地笑着说："她还真是进步神速啊！"

劳拉的爸妈一点儿也笑不出来。他们觉得这是一个警示，这孩子从一个极端跑到了另一个极端。从对蜘蛛极度的恐惧，突然一下子变成要把毒蜘蛛做宠物，肯定不是什么好事。特别是爸爸，极力反对给劳拉买什么塔兰泰拉。苏珊娜不知道该说什么。

"劳拉能取得这么大的进步实在是一件了不起的事。"苏珊娜说，"但是，在书上看蜘蛛的图片和面对活生生的蜘蛛毕竟是不一样的。你们可以带她去有塔兰泰拉的宠物店，亲眼看一看能够爬行的真实的蜘蛛。看看她的反应是什么样的。如果她真的没问题，说明她确实已经克服了对蜘蛛的恐惧。如果你们觉得给她买塔兰泰拉不是一个好主意，可以看看有没有其他的宠物可以代替来奖励她的进步。"

劳拉的爸妈说，他们还没有想过这件事，不过也许不是完全不可能的。

"也许你们可以带她去宠物店跟店员了解一下，在家里养塔兰泰拉做宠物意味着什么，也让她顺便想想其他的宠物。这样她就会意识到，塔兰泰拉不是那种她期待的像小狗小猫那类的、可以抱着抚摸着跟它们玩的宠物。"

这番话让劳拉的妈妈安静了下来。她答应听从苏珊娜的建议带劳拉先去宠物店看一看。

一周以后,劳拉的爸妈又打来电话告知,他们已经带着劳拉去过宠物店了。在那里她惊叹地看到一大一小两只塔兰泰拉。听店员介绍过养塔兰泰拉作为宠物的注意事项后,劳拉觉得塔兰泰拉不是她想要的那种宠物,因为她没法把它抱起来抚摸它。"塔兰泰拉更像是一个用来放在展示盒里的东西。"劳拉说。她的爸妈又带她看了一些可爱的兔宝宝,店家允许劳拉抱起一只在怀里,她立刻迷上了它。爸妈答应,待学校放假,暑假开始的时候,就给劳拉买一个兔宝宝作为她成功克服恐惧的奖励。

劳拉的爸妈说,他们很满意目前的状况,只是抱怨为什么之前没有听说过这个方法,以至于让劳拉受了这么多年的折磨,又产生了那么多的问题。劳拉依然在继续她的每周一次的心理治疗,不过她的最大的问题已经消除了。她开始享受跟朋友们在院子里自由地玩耍,有一次她居然把一个蜘蛛放在手心里了呢。全家人都很欢喜,他们盼望着夏天到来时带劳拉一起到游泳池游泳,享受短暂而美好的芬兰夏天——再也不用恐惧蜘蛛了。

把水当牛奶喝

十岁男孩,芬兰

在赫尔辛基简快治疗研究所开办的心理培训课程上有一个惯例,学员们可以邀请他们的客户(朋友或熟人)来到课堂,现场体验焦点解决治疗。下面的这个故事就是来自这样的一个演示案例。

来自培训小组的一个心理学家邀请了她认识的一个家庭来参加课程。这个家庭里有一个十岁的男孩叫奥利弗,自四岁起就被诊断患有阿斯伯格综合征。除此之外,他还有各种各样的问题,包括对各种气味、口味,以及各种东西(太冷或太热)的极度敏感。奥利弗的父母没有时间参加这次的课程,因为想到这是个很好的机会,就让奥利弗已经成年的二十二岁的姐姐萨拉陪伴弟弟,来到课堂支持他。家长希望萨拉自己也能够从中受益,因为萨拉本人也患有阿斯伯格综合征,在动荡的青春期接受过好几个心理治疗。萨拉非常渴望能够跟弟弟一起来到这个课堂,也看看心理治疗师是如何培训的。

这个故事是儿童技能教养法的一种创造性的应用,在这个案例中,孩子是通过教授其他人来学习技能的。指导这个案例的是我的合作伙伴、培训治疗师的培训导师塔巴尼·阿赫拉(Tapani Ahola)。

"你知道,奥利弗,今天我们是来学习儿童技能教养法的。"塔巴尼这样开始了他跟奥利弗的对话,"这是一个帮助孩子克服各种问题和困扰的方法。"

"是的,我知道。"奥利弗说,那个邀请他来这里的治疗师之前已经给他介绍了这个方法。

"如果你愿意,我们可以跟你一起使用儿童技能教养法,这样大家可以学习,你也可以得到帮助,你愿意吗?"

"是的,我就是为这个来的。"奥利弗回答道。

"好吧。不过我们先要找到一些困难来解决。你有什么困难吗?"

"没有。"奥利弗说。

"那么,技能呢?有没有什么方面你愿意变得更好一些?"

"嗯,我有一件事,我喝牛奶太多了……事实上,真的是太多了。"奥利弗坦白道。

奥利弗很小的时候就有这个毛病,不论他有多么渴,除了牛奶其他什么也不喝。他对牛奶的依赖让家里人感到很无奈。因为不是走到哪里都有牛奶给他喝呀,比如要是一家人到国外旅行的时候就很不方便。

"你想要学着喝牛奶以外的其他东西吗?干吗要学呢?牛奶是个好的饮料,不是吗?"塔巴尼假扮魔鬼的声音说。

"要是也能学着喝水就好了,特别是到国外旅行的时候,并不总是有牛奶喝。"奥利弗解释着,他有一种迷人的早熟。

"好吧。我们怎么称呼这个'我要能够喝牛奶以外的其他的东西'的技能?"

"我想,就叫喝水吧。"奥利弗回答。

"你从前肯定学过了很多其他的技能,"塔巴尼说,"你能告诉我都有哪些吗?有哪些你比较擅长的技能呢?"

"我比较擅长驯狗,还有计算机,"奥利弗实事求是地说,"你知道 BSOD 吗?"奥利弗用一种自信的语调问道。

"BS……什么?我从来都没听说这个词。"塔巴尼说着,用手中的纸挡住自己的脸,假装对自己的无知感到很尴尬的样子。

"这是蓝屏死机。当你使用视窗系统出错时,造成系统崩溃的一种现象。"奥利弗解释着,并接着告诉大家他跟他的朋友为视窗系统编的各种应用程序。

"哇,你确实有不得了的技能呢,"塔巴尼说,"你知道吗?实际上你也有喝水的技能,只是它现在藏在了什么地方。我在想我们该怎么把它弄出来呢?你是怎么开发出你的视窗编程技能的?"

"我从互联网上一点一点地收集编程信息。"

"这个办法能帮你培养喝水的技能吗?你在互联网上搜索关于水的信息可以帮到你吗?"

"不见得。我不觉得在互联网上搜索'水'就能发现跟喝水技能相关的有用信息。"

"我必须说,奥利弗特别善于查找信息。他就是通过读书获得了有关驯狗的丰富知识的。"奥利弗的姐姐萨拉插嘴道。

"是这样的吗?"塔巴尼看着奥利弗。

奥利弗骄傲地点了点头。

"我很好奇你会怎么训练一只拒绝喝水的狗去喝水呢?"

"开始的时候你只能让它喝一点点。"

"好吧,假设它因为不留神或者太渴了喝了一小口……然后呢,你会怎么做?"

奥利弗的脸上放着光,他说:"你要立刻为这件事去夸奖它呀。"

"哦,你要夸奖它。你怎么做呢?你怎么夸奖它呢?"

"你对它说:'好,非常好!'同时你还要拍拍它。你可以给它一个玩具,或者一点儿好吃的东西。要是小狗又喝了一点儿水,你就要继续夸奖它。"

"你好像真的是个专家哦,奥利弗。你让我很惊讶。现在,让我们看看实际上是怎么操作的。你能表演一下吗?你喝一点儿水,我们来表扬你?"

"可以呀。但是,一定要冷水才行。"

"没问题,我们给你弄一点儿冷水,你让我们看一看是怎么回事。"

奥利弗,他的姐姐,还有那个邀请奥利弗来这个课堂的治疗师,每人得到一杯冷水。他们碰了一下杯子,奥利弗在一片夸奖和欢呼声中开始小口抿着喝了起来。当奥利弗把一杯水都喝光了的时候,他开心地笑着说:"啊,味道不错!"

萨拉赞赏地拍了拍弟弟的肩膀。

"做得不错! 现在,我们再把它弄得难一点。设想,我有同样的问题,我需要学习喝水,你能教我吗?"塔巴尼问。

"我可以教你。"说着,奥利弗大步走到旁边的厨房。返身回来的时候,一只手拿着满满一杯水,另一只手托着一只盛有葡萄的盘子。

"我绝对不要喝一口水,"塔巴尼说着,装作对水很厌恶的样子,"看上去太讨厌了,喝起来太恶心了,湿漉漉的东西……"

"你看,对你来说能学会喝水是非常有用的,"奥利弗开始很认真地解释,"如果你到了国外,突然很渴,除了水又没有其他东西可以喝,怎么办呢? 拿着这杯水,想象着里面是某种你特别喜欢喝的饮料,把它喝下去。记住,你是在喝一种你喜欢喝的饮料,如果愿意,可以闭上你的眼睛。如果能把这杯水喝下去,你就可以得到这些葡萄。"

塔巴尼抿了一小口,做了一个半信半疑的表情。

"闭上眼睛,这样可以帮到你。"奥利弗鼓励着塔巴尼,"对!就是这样,喝下了吧?"

在工作坊的学员们的掌声和赞美声中，塔巴尼喝下了整杯的水。奥利弗把葡萄递给塔巴尼，并且做了一个非常鼓励的表情。

"你真棒！还真管用。"塔巴尼对奥利弗说，"不过，一定要是冷水才行。我敢说，如果是温水你就喝不下了，对吗？"

"也能喝下呀。我只是需要闭上眼睛就是了。"奥利弗解释着。

"那我们给你弄一点儿温水，你来表演一下，怎么样？"

一个培训员递了一杯温水给奥利弗。他接过去，用眼睛盯着杯子，好像在想着什么。过了一会儿，他说，"我根本不需要闭上眼睛就能喝下去。"奥利弗说着，一口气喝光了这杯水。然后，他看着塔巴尼，调侃着："啊哈，牛奶！"大家跟着他一起笑了起来。

"要是离开这里，有一天你遇到了一个情形，非得喝水不可，我们怎么能确定你的技能没有再次藏起来呢？"

"如果什么人能够提醒我'儿童技能教养法'和我来过这里的事就可以了。这里有那么多的见证人呢。"

"好，说定了！我们就这么约好了，别人可以用'儿童技能教养法'来提醒你，对吗？这样对你会有帮助吗？"

"对，提'儿童技能教养法'肯定有帮助。"奥利弗毫不犹豫地说。

"奥利弗，你知道什么是击掌成交吗？"塔巴尼问。

奥利弗笑了，他伸出手跟塔巴尼击掌，表明这个谈话到此结束，说话算话。

两周以后,邀请奥利弗来工作坊的治疗师告诉大家,奥利弗从这里回家后一直非常兴奋,他急切地向家人展示了他的新技能,以证明这个技能没有消失或藏起来。他的爸妈和兄弟姐妹们都对他的新技能感到万分欣喜。

从此之后,奥利弗每天在家里吃饭的时候都会练习喝水,他还在一家人出门在外面吃饭的时候展示了这个技能。在写这个故事的时候,他还是不那么喜欢喝温水,但能够在需要的时候喝下去。奥利弗的父母对这样的结果感到非常惊讶,因此也开始尝试着用"儿童技能教养法"来处理奥利弗的其他一些问题。

在家庭游戏中改善厌食症

十岁女孩,荷兰

这个故事是荷兰的卡罗琳·伯曼（Caroline Beumer）提供的,她是一位心理咨询师,也在自己创办的全新法（BrandNewWay）公司（位于哈乐姆,Haarlem）里做儿童技能教养法的老师。她的故事挑战了这样的一个认知：像儿童技能教养法这样有创意和充满乐趣的方法只适用于解决一些轻微的问题,而严重的问题必须用更严肃的方法来处理。这个故事展示了儿童技能教养法如何被灵活地运用于整个家庭中。在这个案例中,心理咨询师帮助这个家庭把技能学习演绎成一个家庭游戏：不仅有问题的孩子,家庭里其他成员包括孩子的父母,也都参与游戏来学习技能。其中最有趣的部分是,这个十岁女孩子原本最大的问题是她的厌食症,家庭游戏里并没有涉及这个问题。也许是因为整个家庭改变了对她的问题的态度,她的厌食症居然奇迹般地改善了。

一天，一对夫妻为了他们十岁的女儿桑德拉的问题找到卡罗琳。他们听说了儿童技能教养法，了解到卡罗琳是一个懂得运用儿童技能教养法的经验丰富的心理咨询师。这对三十岁出头的夫妻，正努力经营着自己的家族企业。他们有三个女儿，桑德拉是最大的，也是让他们最担心的一个。

桑德拉的问题是拒绝吃普通的食物。她每天只吃一些糖果和几个苹果。这样的状况已经持续有一年多了。她的消瘦和营养不良已经到了很危险的地步。她的父母带着她看过很多的医生，一点儿效果都没有。情形逐渐恶化，每天的家庭用餐都是一场争斗。也因为身体状况不佳，桑德拉已经无法全勤上课了。两周以前，儿童精神医生检查过桑德拉的状况，建议她住院治疗，并把她转诊到精神病医院的儿童科。

提起桑德拉的问题，妈妈哭了。她很自责，因为她自己从青春期起就有吃饭混乱的问题。先生一直在一边抚摸着抽泣的太太，试图安抚她。

卡罗琳很同情这个家庭的境遇。她说，她非常理解他们，能够想象女儿的问题带给他们的苦恼。他们的不放弃让她很感动。卡罗琳也称赞了他们能够坦诚地分享这些感受的勇气，和不离不弃地为女儿寻找解决方案的决心。

然后，卡罗琳开始跟这两位家长介绍儿童技能教养法。让她深感意外的是,两位家长为了这次的约见事先做了充分的准备,他们已经读过了关于儿童技能教养法的书了。只是并不确信这个方法是否真的能够帮到桑德拉。不过,他们表示愿意尝试。

卡罗琳坦率地告诉两位家长,她以前没有使用儿童技能教养法解决这样一类严重问题的经验,毕竟桑德拉的厌食症已经严重到威胁她的生命了。"但是,我们可以试着一起做些什么,"她说,"至少可以在等待被接收入院之前做点儿尝试。"

卡罗琳解释道,儿童技能教养法的第一步是找到桑德拉需要学习的技能,一个什么技能可以帮助桑德拉克服她的厌食症呢?他们想了很多的建议,但都被一一否定了。一个靠巧克力和苹果支撑度日的女孩需要学习一个什么技能呢?卡罗琳最后想到一个主意:"让我们看看能不能把厌食症的问题暂时放到一边,在别的事情上下点儿工夫呢?"她说着,声音里透着些许的兴奋。

卡罗琳在两位家长充满疑虑的目光下继续解释道:"这样好不好,我们不专门对桑德拉,而是让家里每个人都同意学习一个技能?要是你们把这件事设计成一个家庭游戏怎么样?说不定你们自己也有一些不好的习惯需要克服。让我们先来处理一些小问题,不去纠结像厌食症这么严重的问题,先做一个礼拜的尝试,看看能发生什么,行吗?"

桑德拉的爸妈同意了这个建议,他们跟卡罗琳一起做了一个计划。第二天晚饭的时间,他们把三个孩子召集到饭桌前,宣布要做一个全家人都参与的新游戏。他们一起使用儿童技能教养法制定了一套游戏规则。女孩子们立刻兴奋无比,迫不及待地给她们的爸爸妈妈提出了改变坏习惯的建议:

"你给我们读睡前故事时总是读着读着就先睡着了。"她们控诉着爸爸,"太讨厌了,你要学着保持清醒。还有你,妈妈,"她们对妈妈说,"你回到家里就要把手机关掉,因为你一晚上不是在计算机上工作,就是跟你的客户在电话上谈工作。如果你关上电话,就不用工作到很晚,就有时间跟我们在一起了。"

说到爸妈应该改掉的坏习惯时,孩子们异常开心。那么她们自己要克服什么坏习惯和学习什么技能呢?最小的女儿,今年三岁,决定要放弃她的油腻兮兮的小毯子,允许妈妈经常给她洗一洗。二女儿,八岁,表示愿意学着按时上床睡觉。她解释说,这样可以让她第二天的状态更好,也能避免跟自己的爸妈为这件事产生不愉快的争吵。桑德拉决定要让自己的指甲长起来。她一直有咬指甲的坏习惯,最糟糕的几次甚至咬得指甲都出血了。

谈到如何庆祝的时候,他们决定给每个人分别做一个庆祝。爸爸的计划是,如果他能做到连续七天讲睡前故事时都保持清醒,就可以在下一个星期天的早上睡到自然醒。妈妈想要一个巧克力蛋糕,如果她能够整个一星期每天下班都关机的话。两个小妹妹想联合起来举办一个派对,她们想在派对上打扮成公主的样子。桑德拉意识到,让所有的指甲一下子都长出来有些难度,请求允许她先从两个指头的指甲开始。她希望,每当长出两个指甲时,就能够给它们涂上指甲油。

大家一致同意彼此支持和帮助,共同学习新技能。另外,他们还邀请了祖父母和五个小朋友来做支持者。卡罗琳被邀请为主要的支持者,这个家庭会通过邮件和电话与她保持联络。

家庭里的每个人都对这个游戏兴奋不已,甚至有些开始竞赛的意思了。他们像老鹰一样彼此监督,也经常慷慨地鼓励和表扬别人的进步,还用一些暗号来提醒每个人要学习的技能。桑德拉的厌食症一点儿都没有被提及。两位家长听从卡罗琳的劝告,完全彻底地避开这个话题。"不管她做什么,一个字也不要说,"卡罗琳告诉他们,"甚至连眉头都不能皱一下。"这样做对他们实在是太难了,但是他们还是努力做到了,因为就像他们自己说的:"只要能帮到女儿,我们什么都愿意做。"

卡罗琳远程支持着,每隔一天跟妈妈通个电话,让她倒倒苦水,或者讲一讲她的担心。

一周半以后的一天中午,爸爸妈妈惊喜地看到桑德拉突然坐到饭桌前,盛了一些食物放到盘子里。她做得那么不经意,过了好一会儿大家才注意到她的这个举动。虽然她最终并没动盘子里的食物,爸爸妈妈什么也没说。他们记得卡罗琳嘱咐过的,万一发生这类的事,千万不要大惊小怪的,要装作没看到一样。

四天以后的一天,一家人仍然沉浸在这个游戏里,桑德拉吃了她的第一口饭。接下来的几天里,她每天都能吃一些,并渐渐增多,有时候还会在两顿饭之间要一些食物来吃。

卡罗琳也感到很惊讶。她知道桑德拉的治愈之路还很长,不过她的营养不良和住院治疗可以被避免了。除此之外,桑德拉和妈妈之间的关系也大大地改善了,这个家庭以前曾经有过的积极正向的氛围又回来了,大家都非常享受彼此的陪伴。

半年后,当平衡已然回到这个家庭的时候,桑德拉的妈妈来到卡罗琳面前。她希望卡罗琳能够帮助她改善自己另外的问题。这是一个非常敏感的个人问题,已经困扰她多年,从来都不敢提起和面对。现在,她觉得自己准备好去处理了。

在准备这份报告的时候,妈妈和女儿桑德拉的问题都已经得到了很大的改善。此外,这个妈妈还成为儿童技能教养法的热心推广人,她帮助女儿所在学校组织相关的工作坊,让老师和其他家长也能从中受益。

儿童技能教养法和《古兰经》
十一岁男孩,伊朗

胡史默德·埃布拉希米(Hooshmand Ebrahimi)是伊朗的一个儿童技能教养法的辅导员,他试图寻找一种运用儿童技能教养法来教授古兰经的方法。作为光明之王(Shah Cheragh)教育委员会赞助项目的一部分,他自己在设拉子(Shiraz,伊朗西南部的一个城市)的光明之王清真寺里开辟了一个特别的房间,他给这个房间起名叫作"技能室"。技能室里配有计算机、打印机和投影仪。孩子们在老师的推荐下,征得家长的同意后,可以来到这里找胡史默德,他们会一起寻找克服问题的技能。下面的故事就是胡史默德如何运用儿童技能教养法和《古兰经》跟孩子们工作的一个经典案例。

十一岁的朴亚是个聪明爱运动的五年级男孩,也是一名学生会的小干部。他和他的同学们一起来到光明之王(Shah Cheragh)清真寺,并在老师的陪伴下拜访了技能室,学习如何做好朋友的技能。参观结束后,孩子们开始祷告,老师留在身后问胡史默德对朴亚的感觉。胡史默德说,朴亚表现很好,是个不错的男孩,他看上去很关心同学们。老师同意他的观察,但随即告诉胡史默德说,朴亚在家里的问题还是很大的。他的父母不止一次地跟老师抱怨,朴亚在家里不是很听话,总是跟父母顶嘴。胡史默德说,不久他会到学校参加关于技能学习的后续会议,到时候也许有机会可以跟朴亚的父母见上一面,老师答应到时会把朴亚的父母请到学校。

在接下来的那个星期,胡史默德跟老师一起见到了朴亚的父母。他们是一对受过良好教育的人,对朴亚的成绩和行为明显有着很高的期许。胡史默德忍不住想,也难怪朴亚时常会有意无意地忽略或反抗他们。胡史默德跟家长探讨了一些不一样的管教孩子的方法,特别解释了基于儿童技能教养法的更为合作的养育孩子的方法。家长很喜欢胡史默德介绍的这个新理念,他们表示以后愿意尝试着用更为正向的方法对待自己的儿子。当讨论到朴亚应该在家里学习什么技能时,家长说,他们希望朴亚能学习尊重自己的父母。在约谈结束之前,胡史默德请家长和老师在接下来的几周里多多留意朴亚的表现,任何时候,只要朴亚有尊重父母的言行,就记录到本子上。

朴亚的爸妈离开学校以后,胡史默德请求校长允许他跟朴亚谈一谈。请求获准后,胡史默德见到了朴亚,他说:"我刚才跟你的爸爸妈妈,还有老师谈过了,我们都觉得,如果你能够学习尊重你的父母,你会在家里感觉更开心,也更放松。你认为呢?你愿意学习这个技能吗?"朴亚同意,表示愿意做一个听话的孩子,也许他确实需要学习尊重父母这个技能。他很明白学习这个技能的许多好处,包括能够让父母更满意和喜爱他,能在学校有更好的成绩。所以,他愿意试着去学习这个技能,并把这个技能称为"好男孩儿!"

胡史默德请朴亚征得他父母的许可,改天到技能室去找他。征得父母的同意后,朴亚独自来到技能室。胡史默德给了他两个家庭作业。一个是从课本的《古兰经》里查找上帝是怎么解释孩子和父母的关系的。他需要把找到的条目抄写到自己的本子上,下次约见时带来一起讨论。另一个作业是,到学校的图书馆,找几本《古兰经》的儿童读物,从中选择一个英雄做自己的魔法朋友。

一周以后,朴亚再次来到技能室,跟胡史默德讨论他的作业。他已经去过图书馆了,找了好几本儿童读物,决定用先知约瑟芬做自己的魔法朋友。"因为先知约瑟芬是善良的代表,他帮助自己的父母坐上了王位。"他这样解释他的选择。胡史默德和朴亚一起从互联网上找到先知约瑟芬的图片,打印出了两张。一张被放到儿童技能教养法练习本的页面上,另一张被装饰并裱糊起来贴在了家里的书架上。

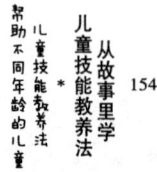

至于《古兰经》上关于父母和孩子之间关系的教诲,他发现了两个引述。一个是"要善待父母",另一个是"用荣耀的称谓称呼你的父母"。

在选择支持者的时候,朴亚选择了他的老师,因为是老师把学校和技能室联结到了一起;还有校长,因为每个人都知道他对孩子有多么好;另外还邀请了一个同学,因为这个同学跟自己父母的关系特别好。然后,胡史默德和朴亚一起起草和打印了他的邀请信,朴亚从自己的相册里找到被邀请的支持者的照片,贴到了邀请信上。

胡史默德接着给朴亚看了一个他特别为朴亚制作的 PPT 文档,里面的信息都是从朴亚的老师和父母那里得到的。胡史默德把朴亚曾经取得的成绩画成一幅幅的图画:朴亚在幼儿园得过奖的一幅画;朴亚在上学前学习骑自行车的照片;一个显示朴亚小学三年级里保持第一名的成绩单;一张朴亚在学校被选为学生会成员的照片。

在约谈接近尾声的时候,胡史默德问朴亚,如果学会了尊重父母的技能,打算怎样庆祝?他毫不犹豫地说,想跟他的支持者和他的同学在技能室一起喝果汁,看动画片《粉红豹》。

在接下来的会面里,朴亚的老师也来到了技能室。大家聚在一起就"到底做哪些事就是尊重父母"做了深入的探讨。

"要表现出对父母的尊重,都要做些什么呢?"胡史默德问。

"好吧,我们一起来想想看,"胡史默德打开投影仪,上面有根据朴亚在课本的《古兰经》上发现的那两句引述整理出来的一些内容。第一部分的内容是："要善待父母。"胡史默德让朴亚说一说上星期都做了哪些尊重父母的事。朴亚回答说,他帮助爸爸妈妈做家务了,他用好好学习来让他们开心,他也能按时上床。

"这些确实都是些很好的事,"胡史默德肯定地回应朴亚,"你的爸爸妈妈一定是对你满意的。不过,是不是还可以做得更好一些呢?来看看下面的内容,看看上帝是如何教导我们的。"

下面的内容展示了一系列的美德:

* 表达你对父母的爱
* 服从你的父母
* 征求父母的意见
* 对父母表达感激之情
* 照顾你的父母
* 尊重你的父母

胡史默德扮演爸爸,老师扮演妈妈,他们用角色扮演的方法告诉朴亚这些美德在行为层面的具体呈现。

接下来的内容是:"用荣耀的称谓称呼你的父母。"看着投影上的文字,胡史默德让朴亚想一想:"什么是善意?""一个人对父母有礼貌是什么样子的?"和"一个十一岁的男孩怎样表达对自己爸爸妈妈的善意?"根据朴亚的回答,胡史默德整理出下面的行为准则:

* 用平静的语调跟父母讲话
* 不要打断父母亲讲话
* 服从父母
* 用贴心的话称呼自己的父母

  基于这些行为准则,胡史默德和朴亚一起在计算机上写下了整整一页的文字,来详细描述"尊重父母"在行动上到底都是怎么体现的。大家商定,把这些文字打印出来,由老师把它贴在教室的墙上。最上面写着朴亚在《古兰经》上找到的两句教诲,下面是朴亚要学习的技能以及这个技能在行动上的具体体现。约谈结束时,他们还约定,由老师和他的支持者一起来监督和鼓励朴亚,看看他在接下来的一周里如何演练和执行。

  三周以后,老师说朴亚的父母对朴亚的进步很满意,他已经掌握了尊重父母的技能,所以可以考虑开庆祝会了。胡史默德为庆祝会特别做了一套胶片:第一张是圣书《古兰经》从天而降,里面跳出两句圣训"要善待父母"和"用荣耀的称谓称呼你的父母";第二张是朴亚的魔法朋友先知约瑟芬的画像;第三张列出了各种各样的敬重父母的行为。

  庆祝会如约在技能室举办。胡史默德给大家播放了他准备的胶片,朴亚给大家讲解了里面的内容和他是怎么学习这个技能的。讲解结束后,他给大家倒上准备好的果汁,然后一起看了动画片《粉红豹》。

庆祝会结束以后,只有老师、家长和朴亚在场,胡史默德问朴亚,他想把这个技能教给谁呢?

"谁都可以,老师指定的就好。"朴亚回答。

"那下一个技能你想学什么呢?"胡史默德继续问道。

"我想学习在技能室用儿童技能教养法辅导其他小朋友。"朴亚回答道,用期待的目光看着胡史默德。

半年以后,朴亚还真的帮着胡史默德在技能室用儿童技能教养法辅导其他小朋友学习社交技能了。

帮助离异家庭的孩子找回幸福感

十一岁女孩,加拿大

这个案例是由一位退休教师乔斯林·普里奥（Jocelyne Pouliot）提供的,她也是一位儿童技能教养法的传播者。普里奥太太在加拿大西部的小城穆斯基（Rimouski）提供私人心理咨询,运用儿童技能教养法帮助一位十一岁的女童重新找回了自信和幸福感。这个女孩子曾因无法接受父母的突然离异,表现出极大的抗拒和反叛。这个案例说明,儿童技能教养法还可以支持到那些在生活中遭遇麻烦的孩子们。我们也许无法改变那些困扰的根源,但仍然可以帮助孩子们发展足够的技能,以强化他们内心的抗压能力去面对当前的困境。

萨拉的父母在暑假时分开了。爸爸有了新女友,搬到了离家4小时车程以外的一个城市。妈妈因为无法独自承担这个大房子的开销,不得不带着两个孩子离开。他们搬到了萨拉外祖母的家,距离原来居住的城市有30分钟的车程。这让萨拉经历了一系列不情愿的变化:住进新的房子,转到新的学校,失去原来的好朋友,无法跟原来的好朋友在一起参加以前喜欢的那些活动。除此之外,她还失去了爸爸的庇护。现在每个月只有一个周末可以跟爸爸在一起。

父母的分开给孩子带来了巨大的阴影。萨拉的父母以前从不吵架,几乎没有任何迹象表明他们之间有什么问题。用萨拉的话来说:"我们是一个很不错的家庭,连我的朋友们都这么说。"

妈妈很担心萨拉的情绪状况,因为看上去她非常愤怒且抑郁,担心萨拉内心会有自杀的念头。她在新学校附近找到了提供心理咨询的普里奥太太,跟普里奥太太诉说了萨拉的问题:萨拉痛恨她的新学校,讨厌她的新家,老是不停地跟她九岁的弟弟吵架,跟妈妈吵架,也跟爸爸在电话里吵。失去两个最好的朋友后,她也不想去结交新朋友。虽然试着参加了一些活动,比如戏剧社和辩论社团,但都在注册后不久就退出了。她在新的学校不愿结识任何人,也没有归属感。

普里奥太太跟萨拉的母亲解释了儿童技能教养法,答应几天后跟萨拉见上一面。

几天后,萨拉跟着妈妈来了。她看上去很焦虑,坐在那儿,眼睛盯

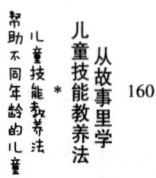

着地板，一直咬着指甲。

谈话开始的时候，普里奥太太先问萨拉最喜欢的活动是什么。她还想知道萨拉的梦想是什么，比如再过五年或七年后萨拉想做什么？普里奥太太发现萨拉喜欢艺术，她最爱的就是跳舞、唱歌和戏剧，这些都是她曾经跟朋友们一起做的事。就在前一年，她还参加了学校的演出，她的表演获得了非常棒的反馈。她也热爱画画，只要有机会就画。她最大的梦想是做演员，不是那种普通的演员，而是那种又能唱又能跳的舞台剧的演员。

萨拉还梦想着爸爸能够搬回到他们原来的城市。这并不是完全不可能的，因为那本来也是爸爸明年暑假计划的一部分。他在目前居住的地方还没找到足够好的工作，所以回到原来的工作岗位也算是一种选择。如果爸爸回来了，她就能回到原来的学校跟她的朋友在一起了。她的父母都爱孩子，希望能够做两个孩子的监护人。

在妈妈在隔壁房间里等待的时间里，萨拉有机会跟普里奥太太单独相处。慢慢地，她放松了下来，也渐渐地对普里奥太太有了几分信任，于是打开心扉，道出了困扰自己内心的一些细节。她知道自己很愤怒，可是不知道该怎样去控制。她也知道自己那些莫名其妙的爆发带给父母的影响，也不想继续这样了，因为每次爆发的结果总是让她感觉更压抑。每次发过脾气后，看到父母不开心，她都非常痛恨自己。

她说，她自己最近已经开始学着保持冷静，避免争吵了，因为她觉得这可能是处理愤怒的最好办法了。比如,上次爸爸明明是带着她和弟弟一起去滑雪,却用了很多的时间陪伴他的女友就让她很烦,但她并没有跟爸爸提这件事。

"我讨厌他这样,但我不想说什么伤害他的话。我们见面的时间很少,我希望能够更好地享受我们在一起的时间,不再吵架了。"

另外有一次在学校里,她也感觉需要克制自己,保持沉默。在一次音乐课上,因为吹长笛时她出了一个错,音乐老师就当着全班同学的面来点评。她觉得很不公平,其他同学都已经学了两年了,她不过是最近才开始学习的。但是她什么也没说,就是感觉很丢脸、很恼火。

"那你觉得怎么样才能让你变得开心起来呢?"普里奥太太问道。

"我想重温跟家人在一起的温馨,也想交一些新朋友。"萨拉回答。

"如果是这样的话,我想我知道你需要学习什么了。你想知道吗?"

"想啊。"

"我想你需要学会更好地沟通。你需要学习在不开心或被什么烦扰的时候,用更好的方法跟你身边的人表达你的感觉。这样你就不会把那些感觉压制得太久,导致最终爆发。毕竟,目前的状况不是你的错,你有那些感觉也很正常。怎么样?这样会让你更开心点儿吗?"

"肯定可以。"萨拉说。

普里奥太太又约见了萨拉三次,大多数的时候,她们都在讨论和练习怎样表达感受而不必愤怒。热爱戏剧的萨拉,非常享受角色扮演的练习,体会着如何在生活中的各种场景里表达她的感受。她练习如何对她的爸爸表达她的感觉,如何对她的妈妈,以及音乐老师,甚至她的弟弟表达她的感受。

有一个角色扮演是关于跟音乐老师的对话,萨拉和普里奥太太一起排练了好几次。她想象着自己在课后找到音乐老师告诉他,他当着全班同学的面指出她的错误时,让她感觉多么难堪。在角色扮演中,萨拉跟老师说,她希望老师能够在下课后等同学们都离开了再跟她谈那些错误。她试着用平静的语调跟老师解释,其他的同学已经练习长笛两年多了,她才仅仅几个月。

在两次约谈之间,萨拉热切地实践着她新学会的表达技能。她有很多的机会学习控制她的冲动,以及对爸爸、妈妈特别是小弟弟表达她的真实感受。

普里奥太太告诫她:"每次开口之前,可以先做一个深呼吸,把要说的话在脑子里想上两遍以后再说。你可以在每天的生活里把自己当成一个演员。先想一想自己要说的话,然后再用不伤人的方式说出来。你很快就会变得更喜欢自己了。"

"三思再开口,生活更容易。"萨拉重复着,这句话几乎成了萨拉的座右铭。无论在家里、在学校,还是在她父亲的家里,她每天一遍一遍地在脑子里重复着这句话,练习着这个技能。

普里奥太太第二次约见萨拉时说:"萨拉,你知道吗,还有一个技能可能会让你变得更快乐。"

"我觉得,如果你能学会专注于那些让自己开心的事,让大人们自行解决他们自己的问题,就会变得更快乐。比如,你不去理会爸爸妈妈在电话里的谈话内容,什么钱的问题了,或者是你跟你爸爸见面的问题了。还是那句话,这不是你的错,把事情扛到自己的肩上是不合适的。解决这些问题是大人的责任,不是你的。明白吗?"

萨拉点头同意。

"如果你愿意,这个笔记本就送给你了,"普里奥太太说着把一个色彩斑斓的小记事本递给萨拉,"你可以用它记录每天在你身上发生的美好的事件。比如,你可以每天写下两个开心的瞬间,也许就是发生在你的家里,在爸爸的家里,或者是在学校里的一个非常不起眼的小事。可以是任何事,比如在上学的路上看到一只美丽的小鸟,或者是你的小弟弟做了什么逗你发笑的事,或者是一个同学对你笑了笑,再或者是有什么人对你的艺术天赋表示欣赏。你觉得怎么样?愿意试一试吗?"

"我可不想再写什么了。我在学校已经写得太多了。"萨拉说。

"你其实也不是一定要写什么,你可以把那些开心的时刻画下来呀,你是一个很棒的艺术家嘛。"普里奥太太建议道。

用作画来表达感觉的主意很对萨拉的胃口,萨拉有点儿动心。

"而且,要是有几天没有值得画的内容也没关系。不必担心,你也不需要去编造,只要耐心等待,看看明天会不会是一个更开心的日子就好了。"

在接下来的几周里,萨拉几乎每天都会在她的小小彩虹日记本里画上一些好看的画来描述她所感受到的美好时刻。然后,有一天她忽然宣布不再画了。她说:"我已经可以在头脑里做这件事了。"萨拉在班级里已经有了一个同样喜欢演戏的朋友,她们计划在学期结束的时候一起编一个剧目。姑娘们还把这个主意跟老师说了,老师非常支持,并表示愿意协助她们。

萨拉补充道:"我终于找到了一个跟我一样热爱舞台的朋友。"

萨拉的改变如此之大,连她自己都不敢相信。她的成绩在提升,并且在参与那些艺术活动的过程中结识了更多的朋友;她也开始享受跟妈妈和小弟弟在一起的时间了;她的爸爸更加关注她;她的音乐老师跟她道了歉,现在对她非常好;除此之外,最令萨拉激动的还是自己要演的新剧,一想到将来有一天可能实现在剧场的舞台上演出音乐剧的梦想,她就兴奋不已。

在最后的一次约谈里,萨拉看上去已经跟当初那个怒视着地板不停地咬着指甲的抑郁又愤怒的女孩判若两人了。

"你有这么多的天赋,萨拉,去大胆追逐你的梦想吧!"普里奥太太鼓励道,"我希望有一天能在电视上或者在剧院里看到你的表演。你具备所有的潜质和资源。"

萨拉用她甜美的笑脸回应着。

学会跟老师好好相处

十一岁男孩,荷兰

卡罗琳·蔓·莫立克(Carolien van Mourik)是荷兰小城拉姆斯东克斯费尔(Raamsdonksveer)的一个专门做特殊儿童教育的小学老师。她的工作是辅导有特殊需求的孩子,并且协助支持那些班里有特殊需要孩子的老师们的工作。这个故事讲述了她是如何帮助一个十一岁的被诊断为多动症(ADHA)和多动秽语综合征(Tourette's syndrome)的男孩重新建立跟老师的良好关系的。

吉特有一个坏习惯,他会对班里任何人说的任何话说三道四,模仿别的同学,甚至老师。有一天,吉特在班上用很难听的话侮辱了一个同学,老师让他道歉,让他保证不再用这种方式对待其他同学。"这是个自由的国家,所以我是自由的,可以说任何我想说的话。"吉特用一种很自大的口气回应着。根据先前的约定,老师让吉特站到教室的角落,接受罚站。吉特拒绝接受这样的处罚,老师于是联系卡罗琳,请她过来处理。

卡罗琳来到教室,请吉特跟她去找个地方谈一谈。吉特虽然火气很大,但还是跟着卡罗琳走了。卡罗琳看到了吉特的愤怒,请吉特解释一下他的愤怒。吉特讲了这个老师带给他的很多挫败。"我觉得恶心,烦透了这个'坏女人',因为她一天到晚都臭着个脸。"他解释道。卡罗琳允许吉特随便怎么发泄,随着他渐渐地安静下来,卡罗琳问他,自己有没有什么可以改进的地方,能够稍微改善和老师的关系呢?

吉特想了想,说:"也许我可以学着避免跟她讲话。我可以学着什么都不说,把想说的写到我的本子上,留到课间休息时再跟她说。"

"嗯,这是个很不错的主意!"卡罗琳说道,继续问他这样做的好处是什么呢?吉特很清楚答案,他回答说:"我可以少受惩罚,她也不至于整天臭着个脸。"

卡罗琳又问:"如果让你给你的表现打分,从 1 分到 10 分,关于

'有不同意见先不说,留到课间休息再说'这一点,你现在能做到几分?""7分。"吉特回答道。

"你看,吉特,假定地板上有一条线,这个点代表10分,这里是1分,"卡罗琳指着房间里相对的两个点,"走过去站到你认为你现在所在的7分的点上,站到上面告诉我,是什么让你站到了那里,而不是4分或者5分的位置上?"

吉特走到代表7分的点上,他说:"我站到这里是因为已经有很多的时候,虽然我不同意她,但什么都没说。"

"好吧,"卡罗琳说着,让吉特走过去站到10分的点上。

"站到这里,你有什么感受?"卡罗琳问。

"好一些。"吉特回答道。

"为什么好一些?"

"没有争论。"

"好的,这让你有什么感觉呢?"

"感觉好一些。"

"很好,你能看到什么吗?"

"没有。"

"其他同学有没有看到什么不同?"

"也许……看到我安静了一些。"

"你的老师注意到什么不同了吗?"

"也许她觉得我做得比平常好一些。"

"她能看到你有什么不同吗?"

"我不说话了。"

"不说话了,很好!"

"是的。"

"那么,我很好奇,你这个星期要怎么做才能从7分变成10分呢?"

"我举手。"

"你是说,你要有话就举手说,是吗?这是你这一周打算做的吗?学习举手发言。很好,听起来是个不错的主意。"

卡罗琳专门给吉特找了一个笔记本,还用了一些跟足球相关的画来装点它,因为她知道吉特酷爱足球。在接下来的约谈里,他们一直使用这个本子为吉特的技能学习做计划,并记录吉特的每一点进步。在本子的第一页,吉特写上了他要学习的技能:"当不同意老师的说法时,我会等到下课再告诉她。"

吉特选择用卡罗琳的手指木偶做自己的魔法宝贝,他称这个魔法宝贝为"伙计",并且让他的一个同学做他的支持者。

吉特很努力地练习这个技能,他每周都会跟卡罗琳见上一面。约谈中,他们还讨论了如何庆祝的问题。吉特把这个问题带给了他的老师,老师承诺:要是吉特掌握了这个技能,她会让整个班级课间多休息10分钟,让大家一起玩足球。

很快,这个庆祝就得以实现了。

卡罗琳注意到,在跟吉特一起工作的过程中,"状态线"的方法帮助吉特提升了他的自我察觉能力,这种察觉也直接影响到他的行动。比如,在一次即将结束的约谈里,吉特把自己放在状态线9分的地方,卡罗琳请他再向前一步,站到10分的地方。"不,我不能,"吉特说,"因为我这一周没有做得那么好,我不配站到10分那里,我就站在9分这里。"

吉特看到了自己做捣蛋鬼在班里造成的影响,学会了跟老师相处。他很享受跟卡罗琳在一起的时光,他跟卡罗琳讲了很多他自己生活中的事。因为行为问题,他曾经受到很多人的指责。卡罗琳跟吉特在一起的时候,总是能看到他积极的一面而不是他的问题,他们一起找到吉特需要学习的技能,去练习和加强,从而避免跟老师发生冲突。

吉特的妈妈一直很支持吉特的技能学习。后来她告诉卡罗琳,这个过程对吉特产生了非常积极正向的影响,吉特的行为和自信心都因此得到了很大的改变。

培养耐心可以克服过度活跃

十二岁女孩,德国

克里斯蒂娜·贝尔(Christine Beuer)来自德国的巴伐利亚(Bavaria),在多瑙沃特(Donauwörth)小城的婚姻家庭指导中心做咨询师。一对因婚姻问题在这里做过几次咨询的夫妻提到他们对十二岁女儿的担心。这个女孩叫卡拉,超重,被诊断为多动症(ADHA),无法集中精力,也非常冲动和情绪化。她的父母介绍说,卡拉最大的挑战是无法跟同伴相处,无论在学校、舞蹈课上,还是在跟朋友玩耍时,都很困难。所以她交不到朋友,社交场合下不会跟大家相处,没有人理她,很孤单。儿科医生给她开了处方药利他林(Ritalin,一种治疗小儿多动症的药),但家长不愿意给卡拉服用,他们希望能找到一种非药物的治疗方法。克里斯蒂娜跟他们讲述了儿童技能教养法,他们决定下次带女儿过来。下面的故事就是发生在卡拉身上的。

当卡拉跟她的父母来到诊所的时候,克里斯蒂娜发现他们已经在家里做了很多的前期铺垫了。妈妈花了相当长的时间给卡拉描述了儿童技能教养法,她们还一起列出了一串能够帮助卡拉克服问题所需要学习的新技能。这些技能包括:

* 让大人讲完他们要讲的话而不打断他们;
* 在学校要举手发言,得到允许才讲话;
* 友善地对待有残疾的弟弟(她打过弟弟好几次);
* 能坐得久一些;
* 在家里和学校专心做功课。

可是卡拉的爸妈觉得她首先应该学习的是在集体场合下控制自己的冲动,轮到自己再说话。"你觉得呢,卡拉?这是你想学的技能吗?"克里斯蒂娜问道。

"是的,"卡拉说,她描述着各种各样令她感觉难以处理的场所和状况,比如在学校、在舞蹈课以及跟同学在一起的时候,"我实在是太没耐心了。"

说起学习这个技能的好处时,卡拉很认真地历数了好多条:"我的朋友会更尊重我,他们会更愿意跟我一起玩儿,我还能交到新朋友。"她说,"还有,我的老师不会经常责备我,也不会经常罚我站到墙边。我可以更好地听到老师说什么。在舞蹈课上,我也不会引起太多的干扰……"说起好处,卡拉如数家珍。

"哦,听起来不错啊。要是你能给这个技能取个名字,你想叫它什么呢?"克里斯蒂娜问道。有意思的是,成年人对起名字经常会感到很费力,但孩子们不会,他们非常容易和自然。

"那就叫'等待铃儿'吧,"卡拉欢快地说,并解释说,当你打电话遇到排队时,通常会听到轻松的音乐播放,这让你能够很平静地等待别人来接听电话。

至于她的魔法宝贝——一个能够给她的技能学习带来力量的生物,卡拉毫不犹豫地选择了她的马,辛蒂,因为大家都知道这是匹非常有耐心的马。

"你需要一些支持者来帮助你学习'等待铃儿'的技能。"克里斯蒂娜说,"你愿意找哪些人来帮助你呢?"卡拉希望克里斯蒂娜来做她的支持者,另外又加上了她的父母、祖父母、两个好朋友、学校的老师和舞蹈学校的老师。在第二次会见到来之前,她逐一向所有的这些人发出请求,请求他们做她学习新技能的支持者。她非常骄傲地宣称,他们都很高兴并愿意做她的支持者。

说到如何庆祝时,卡拉立刻眼睛发亮。她想要一个庭院派对,邀请她所在舞蹈队的朋友、老师、家长还有祖父母来参加。就像她的爸爸妈妈以前办的派对那样,在晚上,邀请朋友们来烧烤和畅饮。卡拉的爸妈承诺,一旦卡拉学会了这一技能,就会帮她组织这样一个派对。

在下一次约谈时,克里斯蒂娜邀请了卡拉所在学校的老师参加,并不失时机地帮助卡拉建立学习的信心。克里斯蒂娜问卡拉的老师,是否相信卡拉能够学会这个"等待铃儿"的技能,"当然了,她肯定行!"老师说,"不久以前,卡拉的数学考试得到了一个很不错的分数,尽管数学对于卡拉一直都挺难的。"克里斯蒂娜又转向卡拉的爸妈,"你们觉得呢?卡拉能行吗?"她问。"我们相信你能行,"卡拉的爸妈对卡拉说,"因为你是我们的女儿,我们知道你是个很要强的女孩。"听着老师和家长的话,卡拉的眼睛里闪着亮光。

经过这些准备,克里斯蒂娜知道该帮着卡拉做一个学习计划了,当然这个计划离不开她的支持者。

"好吧,卡拉,告诉我,你打算怎样练习你的'等待铃儿'的技能呢?"克里斯蒂娜问道,"当你感觉很不耐烦的时候,怎样让自己有耐心地在那里等待呢?"

"我把辛蒂的照片放在我的口袋里。在我必须耐心等待的时候,就拿出来看看它,然后我会一直拿在手里不放回去,直到轮到我的时候。"

"好棒的主意啊,可是你怎么能记得这么做呢?"克里斯蒂娜继续发问。

卡拉想了一阵儿,然后说:"我会记得对自己说'停'!"

计划做好了,照此计划卡拉将从学校开始迈出她训练的第一步。她同意让老师在班级里宣布这个计划,这样大家就都可以支持她的学习。她还同意让老师在她的课桌上放一个日记本,老师和卡拉两人,以及全班的同学都可以在本子上记下她的点滴进步。

"还有一件事我们要想一想，卡拉，"克里斯蒂娜说，"如果有时候你忘记了这个技能，又变得不耐烦的时候，你希望大家怎么提醒你呢？"

卡拉非常有创造力，她想到的主意是，万一她变得不耐烦了，老师或好朋友可以在她耳边悄悄地对她提一下她的神奇帮助者的名字，"辛蒂"。这样她就会记得自己要学习的"等待铃儿"的技能了。

在支持者的帮助下，卡拉踏上了学习新技能的旅途。她很开心地练习着她的新技能。一两个月以后，她的支持者都认为，卡拉已经取得了足够的进步，可以开庆祝会了。卡拉的父母如约举办了一个她想要的派对。卡拉很骄傲自己所取得的成就，她表示愿意把这个技能扩展到她生活的其他地方：比如，舞蹈课，跟朋友在一起的时候，甚至对待自己的小弟弟方面。卡拉非常高兴自己能够掌握这么重要的技能，她的父母也为她的变化感到骄傲。

卡拉的老师更是感慨卡拉的进步，她甚至把儿童技能教养法推荐给另外一个老师，因为那个班里也有像卡拉这样的孩子。这个老师不仅听从了卡拉老师的建议，还特别邀请卡拉——目前是"儿童技能教养法"的"专家"，来做另外这个女孩子的支持者。

"自从把儿童技能教养法带入我的咨询工作中，我对'问题'有了更深的体会——所谓的'问题'其实就是告诉你需要学习的技能而已。"克里斯蒂娜这样为她的故事做了结束语。

学习控制玩游戏的时间

十四岁男孩,芬兰

治疗师萨伊娅·荣奈(Saija Roine)是一位精神科医生,在芬兰库奥皮奥(Kuopio)的精神健康中心专门处理青少年问题。在她的工作中,经常会遇到青少年沉迷于计算机游戏的问题。萨伊娅为我们提供的这个故事,显示了儿童技能教养法是如何被用来克服这类问题的。这个故事比较有意思的部分是,它的处理看似跟儿童技能教养法的主要原则(不是停止错误的行为,而是学习正确的做法)有些矛盾。细读这个故事的时候,你会发现,虽然孩子所确定的技能是"限制游戏的时间",本质上还是专注培养其自控能力,而不是停止做错的事。

尼罗的妈妈打电话给萨伊娅,想和她约谈,她介绍了一些尼罗的基本情况:十四岁的尼罗几年前被诊断为阿斯伯格综合征(Asperger's Syndrome)。他是个很阳光的男孩,学习成绩和计算机知识出类拔萃,但是却几乎没有朋友,在与人社交互动方面显得非常笨拙。经常因为一些不适当的话或者不客气的话冒犯别人。妈妈认为,她的儿子根本就弄不明白别人的感觉,在学校也经常被其他孩子欺负。另外一个阿斯伯格综合征的迹象是,尼罗从小就有很强的恋物倾向。

"你们觉得我们该谈点什么呢?"萨伊娅用这个问题开始了她跟尼罗和他妈妈的谈话。

"我不知道。"尼罗口齿不清地说。

"你呢?你觉得我们谈点儿什么好呢?"萨伊娅转向尼罗的妈妈。

"尼罗这周太迷恋游戏了。"妈妈回答道。

"那都是你的错,因为你不给我足够的时间玩游戏!"尼罗马上反驳。

"他完全黏在玩游戏上了。"妈妈又重复了一遍。

"你都玩什么游戏呢?"萨伊娅显得对尼罗的爱好很感兴趣。

"我最喜欢的是闪点。它太棒了! 它允许你创建自己的战场。"尼罗非常兴奋地解释。

"你跟谁一起玩闪点?"

"通常是我自己,但有时候跟我的表兄弟或朋友。"

"我感到很不安,"妈妈打断他们的对话,"他那么投入,玩起来的时候会大叫'杀死他们! 杀死他们!'"她看上去很担心。

"你在家是怎么应对那样的情形的呢?"萨伊娅问道。

"有一次我威胁他要拔掉计算机电源,因为怎么说都没用啊。可是这样更糟,尼罗发起脾气吓死人。"妈妈解释说,听起来非常无奈。

她说,现在的情形更严重了,尼罗开始连家庭作业都不做了,有一次玩得连续四天都不洗澡。他甚至威胁说,如果妈妈敢碰他的计算机,他就会报复。

"你试过其他方法吗?有什么方法可以改善这种状况?"萨伊娅问道。

"我们一家人曾经坐下来,试图起草一份关于尼罗和他的弟弟如何使用计算机的协议。"妈妈说。

"咦,这个主意不错啊!"萨伊娅说,并鼓励妈妈继续这个计划。

在结束这次约谈之前,萨伊娅介绍了"儿童技能教养法"工作手册。看到尼罗和他妈妈对这个方法很有兴趣,萨伊娅说,"我希望你们两个能找个时间一起坐下来,想一想尼罗应该学一个什么样的技能来帮助他解决这个问题。你们觉得呢?你们能做这件事吗?"

他们都点了头。

"很好,非常好! 尼罗,我还希望你能另外做一件特别的事。在我们下次见面之前,你要给你所学的那个技能起个名字。"

三个星期后,萨伊娅又一次见到尼罗和他的妈妈。两人显得比第一次见面时平和了许多。过去的几周里,关于尼罗使用计算机的冲突也少了一些;一家人确实开了一个会,起草了一份计算机使用的规定,这个规定把家里的每个成员都包括在里面。此外,初步计划全家人每两周执行一天"无计算机日"。可是妈妈还是担心尼罗,如果没有人提醒他,恐怕他还是没有能力自己退出游戏。

"你们觉得尼罗要学习什么技能呢?"萨伊娅问。

"我认为尼罗需要学习自己停止玩游戏的技能。"妈妈说。

"好啊,听起来不错。尼罗,你给这个技能起好名字了吗?"

"我叫它'格式化'。"

"哦,你是说像给计算机的硬盘格式化一样?"

"是的。"

"嗯,挺聪明的。这样我们就有了要学习的技能,甚至还有了名字。太好了! 接下来我们要想一想,要是你能够变得非常善于'格式化',会带来哪些好处呢?"

尼罗明白这个问题,他几乎没有什么犹豫就列出了各种好处:"妈妈就不会跟我大叫了,家里更安静了,我会有更多的时间到外面玩和安静地做家庭作业。"

"你在学校里也能做得更好。"妈妈补充道。

"你愿意找一个有力量的魔法宝贝来帮助你学习你的'格式化'技能吗?"萨伊娅问。

"可以是个动物吗?"

"当然,为什么不可以呢?"

"那就米赛吧,我们家的小猫,让它来帮助我。"

"好的,你还喜欢找哪些人来支持你的技能学习呢?"

"妈妈,爸爸,还有我的弟弟。"

"很好。现在我想问一下,"萨伊娅转向妈妈,"你为什么相信尼罗能够学会这个'格式化'技能呢?"

"我相信他能学会是因为尼罗总是能学会他想学的东西,无论是什么;再说,他都看到了学习这个技能带给他的好处了。"妈妈说。

萨伊娅告诉尼罗,儿童技能教养法有一个环节是,一旦他学会了技能就可以做个庆祝。她问尼罗想怎么庆祝。尼罗想了一分钟,看着他的妈妈说:"我们可不可以买巧克力饼干和可乐,一家人在一起吃吃喝喝?"

在过去的两周里,尼罗实际上已经有好几次展示了他的"格式化"的技能,现在他愿意继续练习这个技能。他们还约定,如果他什么时候忘记了格式化的技能,妈妈可以过来简单地提醒他:"格——式——化"。

尼罗甚至还建议自己把这个格式化的技能教给弟弟。

在尼罗和妈妈要离开之前,萨伊娅私下里跟妈妈说了几句话。她教给尼罗的妈妈用"正向的闲话"来鼓励尼罗的进步,就是说当着尼罗的面跟别人讲尼罗的进步。

"这是个好主意",妈妈说,"我可以跟他爸爸夸奖他,还可以跟他的奶奶和婶婶夸奖他。"

两个月之后,尼罗跟他妈妈第三次来到治疗师面前。

"我做得很好!"尼罗一进到房间就这样宣称。

妈妈也同意。她说,尼罗能够很好地完成学校的功课,还有好几次都是自己主动退出了玩游戏。

"我总是先做作业,再玩游戏的。"尼罗补充道。

还有其他方面的改进。妈妈说,尼罗在学校没有再惹事,虽然有几次因为不当的言语被别人欺负。

"不管怎样,他一直能够控制自己,不去招惹别人。此外,有什么事的话,他会告诉老师和我们。在班里,他还有了新的朋友。"

约谈在规划庆祝会的讨论中结束。他们一起讨论,如果尼罗和弟弟都学会了能够很好地控制自己玩游戏的时间后,将怎样如约举办庆祝会……

Part 4 在团体里运用儿童技能教养法

"懒虫子"和"工作蚁"
瑞典小学的案例

卡米拉·斯考利伯格（Camilla Schöldberg），斯蒂娜·维利德（Stina Vildir），兰娜特·马特森（Lennart Mattson）和塞西莉亚·琼森（Cecila Jonsson）在瑞典斯德哥尔摩开办了一个小小的特殊儿童治疗学校——利林昂斯考兰（Liljanskolan）。这里共有七个孩子，完全无心向学，他们什么也不想做，对学校的一切持消极态度。这个团队决定运用儿童技能教养法激活孩子们的学习热情。在整个班里使用儿童技能教养法的一个重要的步骤是向孩子们介绍这个方法。在这个故事以及其他的一些故事里，老师们都是用一种非常好玩的方式在班级里引入这个儿童技能教养法的。

一天早上，老师们对孩子们说：

"学校理事会召集我们在市政厅开会。会上，我们得知最近有个什么东西传染到了斯德哥尔摩地区的许多学校，但还没人知道那是什么东西。我们只是知道在这个城市里的许多孩子都被感染了，表现症状是：没力气，没主动性，不愿意翻书，不想做学校的功课，做事半途而废，像个土豆麻袋一样瘫在课桌前，还没开始做事就想休息。学校理事会把各个学校的老师召集起来，就是想让老师跟孩子们谈一谈，让孩子们帮助找到那个克服病症的方法。他们还想让孩子们给这个方法起个名字，这样就可以跟其他人介绍这个方法了。"

孩子们辨得出那些症状，所以都认为他们的学校肯定也被那个鬼东西传染了。老师们说："哎呀，我们也一直这么想，看来是真的啊。"然后老师们问孩子，愿不愿意像校理事会希望的那样，试着打败这个鬼东西。每个人都毫不犹豫地表示愿意。

"你们不觉得我们应该给这个鬼东西起个名字吗？"老师问道。"叫什么名字好呢？"大家提了很多建议，最后达成一致，给它起了个名字叫"懒虫子"，而且为了打败"懒虫子"还找来了"工作蚁"。他们确认了很多将"懒虫子"打包送走代之以"工作蚁"的好处。比如，可以提高成绩，可以让家长开心，或者让家长少一些压力，孩子们更快乐活泼。最后，也是同样重要的，还有奖励！老师们同意，如果孩子们打败了"懒虫子"，都变成了"工作蚁"，就应该好好奖励一下。

大家一致决定,送走"懒虫子"以后要一起开个庆祝会。怎么庆祝呢?老师们让孩子们自己提要求。孩子们说:他们要在星期五开庆祝会,庆祝会上要有软饮料,有可以一起玩的游戏和视频。除此之外,他们还想在"奖励箱"里抽奖——这是以前就引入班级管理的一个机制。还有,大家都同意要安排两次庆祝,第一次要在他们取得了一些进步的时候举行,另一次则是要把"懒虫子"都送走了以后再举行。他们是这样计划的:每当孩子们都做完了学校的作业时,就会得到一颗小石子。石子呢,就会被放入一个花瓶里。当这个花瓶被装满了的时候,就可以开庆祝会。第一个花瓶小一些,另一个要大一些。

做完这个庆祝会的规划以后,老师们还告知孩子们每人都可以选一个有力量的魔法宝贝去帮助他们打败"懒虫子"。孩子们喜欢这个主意,纷纷画出他们自己心中的魔法宝贝。花样可多呢,从小男孩的宠物狗,到面目狰狞的蜜蜂(蜜蜂可以叮"懒虫子")。所有的魔法宝贝都被贴到了教室前面的墙上。

另外一个要讨论的问题是,万一计划没有被好好地执行怎么办呢?"如果你们有的时候不小心没做好,'懒虫子'又突然袭击回来了,我们该怎么办呢?"老师问孩子们。"你们知道'懒虫子'可倔呢,你们需要做非常多的努力才能摆脱它。你们需要非常耐心和有毅力才能变成'工作蚁'。'工作蚁'可不会自己跑来,像一封送到你邮箱的信那么容易。你们觉得呢？要是感觉很难时，你们打算怎么办？"

孩子们想出了好多主意，比如：他们可以一直盯着他们的魔法宝贝看；老师们可以拿起花瓶晃一晃里面的石子，提醒他们那个庆祝会；老师还可以大喊"工作蚁守则！"或者"懒虫子末日！"如此孩子们就能在有挫败感的时候受到激励。他们说，他们有信心变成"工作蚁"，因为他们一定要办那个庆祝会。

最后，到了需要邀请支持者的时候了：孩子们邀请了老师和家长来做他们的支持者。

一做好计划，项目就启动了。一个个小石子被收进花瓶里，尽管有时候不可避免地有些倒退，孩子们总体上都很好地保持了自己的专注，他们一心期待着那个计划中的庆祝会。除了老师和家长的支持，孩子们还互相鼓励和提醒着。学校的整体工作水平显著改善。

在第一次庆祝会后的一天，孩子们还收到了来自学校理事会的一封信。老师大声地把这封信念给全班同学听：

校理事会听说，利林昂斯考兰的孩子们给今年秋天的那个病症取了个名字。我们认为"懒虫子"是个贴切的名字。我们也知道利林昂斯考兰的孩子们正在努力消灭"懒虫子"，变成"工作蚁"。校理事会非常高兴看到孩子们正在努力战胜病症，我们相信你们一定能打败"懒虫子"。希望当庆祝战斗胜利的时候，我能够抽出时间去"视察"

一下你们的庆祝。

　　致意

　　　　　　　　　　　　　　　　　　视察员　伊戈尔
　　　　　　　　　　　　　　　　　　校理事会

　　第一次的庆祝会是在实施这个计划两周后举办的。孩子们用气球和彩带装饰了自己的教室。吃过午饭,老师们摆好桌子,把旋转舞台灯挂到天花板上。孩子们在教室外面的客厅里听故事阅读,同时做"沉默合作"的游戏。当他们进到装扮一新的房间,看到各种饮料,各种冰激凌,还有生日会的点缀时,都瞪大眼睛说:"如果这算是小庆祝,那么大的庆祝会是什么样呢?"小庆祝会开得非常成功。

　　大庆祝会是在这个小庆祝会的六周之后举办的,持续了整整一天。上午的时候整个班级都在布置教室,然后是一起做游戏。厨师准备了孩子们喜欢的墨西哥食品 Tacos(一种薄玉米片蘸肉酱的小食品)作为午餐。午饭后继续做游戏和跳迪斯科。晚些时候,像以往的庆祝一样,孩子们被允许从那个"奖励箱"里选取一件礼物带回家。最后,大家一起观看了孩子们都喜欢的电影,结束了一天的庆祝。

　　晚上的时候,家长们也应邀来到了庆祝会。老师和孩子们用带汽的饮料(Pommac,相当于孩子们的香槟)替代香槟向家长们举杯,感谢他们的支持。遗憾的是,视察员伊戈尔没有来到现场,但是他的来信还是让孩子们很开心。

后来,老师们问孩子们对这个"工作蚁"项目的感受时,得到了非常正向的回应。他们说,最大的变化就是他们在课堂上表现更好了,而且,庆祝会真的好棒。总之,用这样的办法来鼓励他们,感觉超好。

老师们评价说,孩子们对这个方法的接受和反应令他们吃惊。他们非常享受这种工作方式。可以明显看到孩子们自我驱动力的改善,这种正向的变化即使是在项目结束以后也一直保持着。"带来变化并不一定要花很大的气力,你只要简单地坚持不懈地使用清晰的目标和正向的鼓励就能做到。"老师们这样总结道。

在这份报告送来的时候,一个命名为"助人蚁"的新项目又已经启动了。这个项目旨在让孩子们学习在班级里跟其他同学做好朋友。

一所荷兰小学

这是荷兰全新法（BrandNewWay）公司的总监卡罗琳·伯曼（Caroline Beumer）提供的一个案例。"全新法"公司位于荷兰的哈勒姆市（Haarlem），是一家专门推广儿童技能教养法的培训机构。卡罗琳讲述了她在一个名为"儿童乐园"（Children's joy）的小学校里工作的经历。这个小学的规模很小，大约有250名左右的孩子。学校坐落在荷兰西部一个名声不太好的地方，所以很多家庭打算迁到更好的学区，导致学生数量每年都在减少。卡罗琳被邀请到该校介绍儿童技能教养法，老师们以前对此闻所未闻。虽然很多的老师直接表达了他们对这个方法的怀疑，但大家还是决定试一试。

当卡罗琳跟老师们介绍这个方法的时候，她发现，老师们都很困惑。他们抱怨说，这里的学生缺乏基本教养，暴脾气，习惯于用"男子汉气概"来赢得同伴。很多年龄很小的孩子，早上来校时既没有家长也没有看护人陪伴，这也让老师很担心。学校这种情况被有些老师形容为"杂乱无章"。

讨论过后发现，最令老师们担心的是，学生入校时和出校时是完全无序的。大孩子推挤着小孩子，疯了一样地往外冲，踩到小孩子的事常有发生。孩子们连喊带叫，乱作一团，经常会有孩子大哭，也经常引发事故。最近，一个四岁的女孩就被推挤着撞碎了一扇玻璃门（还是所谓的安全玻璃门），受了伤，被急救车送到医院救治。

老师们一致认为，改变早上的混乱最为重要，因为早上的情绪会影响接下来一整天的氛围。

老师们曾经试过他们能够想到的所有办法去解决这个问题，比如，加强管制；建立惩罚制度；要求孩子们排成队列进出校门；但是，一点用都没有。他们甚至觉得用10个老师管理250个学生是件不可能的事，工作量太大了。

"好吧，就做这件事吧。"卡罗琳问道，"如果你们愿意，我们可以试着设计一个基于儿童技能教养法的计划去解决这个问题。"讨论决定，全校师生一起制订一个计划来支持全校的孩子们学会"慢慢而安静地进出学校"。

第二天,老师们把这个计划告诉了孩子们,并且问孩子们有什么想法。孩子们在各自的教室里一起讨论了目前状况带来的种种不良后果。卡罗琳告诉老师们不要引导孩子过多关注负面的问题,而是要重点讨论学习"慢慢而安静地进出学校"这一技能所带来的好处。

孩子们看到了很多学习新技能的好处。由于更多地关注正向结果,讨论氛围良好。同学们积极参与讨论,还会不时地开些玩笑。大家最终达成一致,认为这是个值得为之努力的目标。讨论到关于如何集体庆祝的时候,就连那些持怀疑态度的学生也忍不住加入其中。学生们的积极响应,也让那些持怀疑态度的老师开始相信,"这个办法也许管用"。

学校在走廊里放了一个征集意见箱,收集孩子们关于庆祝会的好点子。每个班允许送来三个提议,每个提议都被贴到人人可见的学校公告栏上。放学前,大家投票推选最好的提议。获得最高选票的提议是:预留一整天来庆祝;大家一起做游戏;邀请家长参加,并带来孩子们喜爱的自己国家的传统食品。

孩子们都喜欢这个主意:跟爸妈一起,带来自己国家的美食,展示自己国家的文化。老师们也觉得这个主意好,可以让家长更多地参与到学校的活动中,也有机会让孩子们了解自己的文化背景,并以此为荣。更令人惊喜的是,校长承诺,他将联系当地的媒体来报道这个活动。

新计划的执行时间是下周一。为了保证到时候不出差错,有的孩子建议应该先做个演练。建议被采纳。

有些老师觉得一次演练不够,应该要坚持连续演练至少一周。很多老师提醒,对那几个比较捣蛋的孩子还要做一些强化的工作。

星期三到了,开始了第一次的演练。地方媒体果真派来了记者和摄像师来记录这个历史性的事件。虽然还有许多需要改善的空间,但老师们觉得,整个演练从头至尾还算顺利。

卡罗琳虽然跟他们一起做了计划,但因故却未能出席当天的演练。那天晚上,当她回到家时,她的录音电话里收到了好几个激动人心的留言,告知她整个演练从始至终进展顺利。

孩子们不仅在演练时表现良好,在这周余下的几天里也都能在进出校门时保持良好的秩序,乃至接下来的一周也表现得相当好。每当有个别的孩子忘记了,就会有男孩或女孩站出来善意地提醒一下他们的约定,主要是用他们期盼的那个大的庆祝会来互相提醒。

三周以后,当地一家报纸用半个版面报道了学校的这个项目,还特别提到每个人,包括家长和地方食品店,是如何支持学校来组织这个美好的庆祝活动的。

两年以后,当卡罗琳再次联系这个学校的某些老师时,得知这个起名为"儿童乐园"的学校已经跟一所更大的学校合并了。新学校很善于加强跟家长的合作,目前整个运转良好。

另外要说的是,也许应该感谢地方报纸的报道。当初的庆祝活动开得很成功,还吸引到一些地方的官员为他们站台,学校因此得到了很多的赞助,后来这个学校曾经有过近500名学生呢。

一起学习新技能

　　这个故事是由澳大利亚的尼尔·卡尔（Neal Kaer）和芭芭拉·罗宾逊（Barbara Robinson）提供的。她们两位在澳大利亚东海岸昆士兰的一个很小的度假城耶蓬（Yeppoon）为一个"加强家庭联结"的项目工作。尼尔和芭芭拉邀请了五个年龄在九岁到十一岁的男孩来参加儿童技能教养法的项目，他们都很高兴地接受了邀请。下面的故事介绍了如何在一组孩子中使用儿童技能教养法，通过彼此的互相支持来完成技能学习。

这个项目开始的时候，尼尔和芭芭拉首先依次约见了这几位孩子的家长和老师，一起讨论每个孩子存在的问题，以及应该学习什么技能来克服这些问题。大家很快就达成了一致。

跟家长和老师的会谈后，他们又分别邀请了每个孩子和他的家长一起做了一个开放式的讨论。讨论的重点并不在问题本身，而是跟孩子解释，为了帮助他克服行为方面的一些问题，大人们希望他去学习的新技能，以及充分挖掘学习新技能给孩子带来的好处。五个男孩儿对这样的讨论都能接受，并且同意开始学习这些大人们提议的新技能。

利亚姆的主要问题是跟上学有关的。因为不良行为，他已经好几次被学校停课了。加上不能完成学校的功课，让他觉得无论在家里还是在学校都很费劲。所以大家认为，利亚姆要学习的技能是按时完成学校布置的作业。利亚姆自己称这个技能为"鱼"技能。

由于家庭因素，萨卡曾被放在寄养家庭中。后来他的原生家庭重新复合，他又回到了自己的家里，却开始跟自己的小弟弟频频发生冲突，有几次的冲突非常严重，萨卡的妈妈于是来寻求帮助。萨卡决定要学习的技能就是在跟弟弟起冲突时通过"帮助之手"来控制自己的行为。这是萨卡的老师给出的建议，这个技能本身包括好几个自我控制的技巧，比如，友善地谈话，勇敢地表达，不理会，走开，而且如果这些技巧都不奏效，就直接去告诉大人。萨卡把这个"帮助之手"的技巧称为"托拜厄斯技巧"（Tobias，来源于希伯来语男子名，含义是

"耶和华是仁慈的")。

莱森的妈妈是个残障人员,他跟祖父母住在一起。莱森的智商很高,非常争强好胜。因为凡事都喜欢争第一,所以无论在学校还是在家里,他都会遇到麻烦。比如,在学校,他就因常常抢答(不能等待轮到自己再回答)遇到麻烦。莱森需要学习的新技能是"礼让他人",甚至时不时地要"让别人赢"。莱森把这个技能命名为"乌龟"技能。

卡莱布最大的困扰是不适应学校的生活,已经停学好几次了。他非常腼腆,跟其他孩子在一起的时候不知道怎么去互动,总是有一种泛泛的焦虑感。卡莱布要学习的能力是能够更自信地当众讲话。卡莱布非常渴望掌握这个技能,他给这个技能取名为:"白宫"技能。

巴雷卡曾经跟他的祖母生活过一段时间,最近才搬回到他母亲的住处。自打搬回去,他就跟他的兄弟姊妹冲突不断,有时甚至会大打出手。他也同意学习使用"帮助之手"来控制自己的愤怒。他自己把这个技能称为"粉红豹"技能。

接下来的连续七周里,尼尔和芭芭拉每周都要跟这五个男孩子开一次会。在第一次的会上,他们一起探讨了迄今为止每个人所掌握的各种技能,并分享他们成功掌握这些技能的经验。比如,萨卡讲述了自己学习骑电动摩托车的经历。由此引发另外的讨论:萨卡能够掌握这么难学习的技能,是不是可以把其中的经验带到新技能的学习中,也即控制自己对弟弟的愤怒情绪呢?

另外一个重要的讨论是,为什么学习这些新技能对他们这么重要。结果,孩子们彼此帮助,一起挖掘出了很多有益的结论。

所有的孩子都希望他们的老师做他们的支持者,有些也邀请了他们的家庭成员。令人惊讶的是,只有一个男孩邀请了学校里的一个朋友做支持者。在项目执行期间,恰巧有一位著名的前职业篮球运动员布莱尔·路易斯(Blair Lewis),当下国内最受欢迎的励志演说家作为演讲嘉宾被邀请到学校,也被所有的孩子们招募到了支持者的队伍里。

每个孩子都选了一个动物作为自己的魔法宝贝帮助他们学习新技能。他们选中的动物包括老鹰、蝎子和黑豹。这些魔法宝贝对孩子都有着非比寻常的寓意,他们花了很长时间才选出自己的魔法宝贝。孩子们非常用心地画出自己的魔法宝贝,还给图画加上装饰,然后自豪地把这些图画贴到墙上。这些动物不仅激励着这些男孩子,而且也是他们内在力量的象征。在小组讨论里,孩子们经常会提到这些魔法宝贝带给他们的启发。

男孩子热切地渴望他们的家人、朋友还有老师能够了解他们正在学习的新技能。他们甚至希望有报纸能够报道他们正在进行的项目。尼尔和芭芭拉于是承诺跟地方报纸联系,看看能否满足他们的心愿。

为了学习这些技能,每个孩子都做了详细的练习计划。利亚姆需要学习按时完成学校布置的作业,他每天下午安排出专门的时间用于完成家庭作业。萨卡每天在跟自己的弟弟相处中,用"帮助之手"练习他的新技能。莱森要练习他的"乌龟"技能,或者是"允许他人做第一"的技能,他努力让自己在课堂上不喊出答案,哪怕他知道答案。卡莱布的新技能是要能够自信地当众讲话,所以在学校里,每当完成了前一个的任务后,他就举手主动跟老师请求新的任务。周末的时候,他主动去附近的商铺给一家人买冰激凌,练习跟店员讲话。巴雷卡跟萨卡一样,都要练习"帮助之手"的技能,所以无论在家里还是在学校,他都煞费苦心地琢磨那些新方法用以应对各种状况引起的愤怒情绪。

计划实施到第三周的时候,前篮球明星布莱尔来到学校。他给大家讲述了在自己的篮球职业生涯里是怎样设立目标和如何实现它们的。他特别谈到,不停地练习对于实现目标是如何重要。在项目进行的过程中,如果孩子们遇到挫败,或有一时的倒退,就会想到布莱尔强调的"坚持练习的重要性",从而迅速回到正轨。他们能够接纳自己"有时候还做得不够好",把那些时候看作是暂时的挫败,每到这时,大家就互相鼓励着回到练习的正轨上。

计划实施到第四周的时候,孩子们开始策划掌握技能以后的庆祝活动。他们计划一起办一个庆祝会,为庆祝会准备巧克力泥饼配香草冰激凌、甜点、炸鸡肉条、麦片和 Freddo Frogs 巧克力条。他们一起布置了会场,还专门准备了演讲,并给家长、老师、朋友以及他们的体育明星发出了邀请函。

庆祝会非常成功。一共有36个人出席，包括那位篮球明星。大家一起分享了那个巧克力泥饼，上面还用糖写着五个男孩的名字。儿童技能教养法的主办机构给每个孩子颁发了荣誉证书，庆祝他们完成了这次的技能学习，每个孩子都做了发言，他们借此机会真诚地感谢每一个支持他们的人。一位妈妈发言说，这个方法不仅给她的儿子带来了正向的变化，也给她的整个家庭带来了正向的变化。当篮球明星在每个孩子的练习本上签名时，庆祝会达到了高潮。

尼尔和芭芭拉询问家长，可否把这个故事分享到当地的报纸上，家长们欣然同意。不久，一家地方的报纸登载了这样的一篇文章，题目是"孩子们学习新技能"，并配有一张照片，照片上是五个有着灿烂笑容的孩子跟尼尔和芭芭拉在一起。

文章写道：

卡莱布、巴雷卡、萨卡和利亚姆是五人小组的部分成员，这几个九到十一岁的男孩刚刚参加了一个历时七周的学习项目。在历时七周的计划里，他们的家长、朋友，以及学校的老师都被邀请成为他们学习新技能的支持者，一直鼓励着他们。孩子们通过学习新的技能来克服以往的问题，他们每天用各种方法练习新的技能，包括通过角色扮演和有趣的活动来学习掌握新技能。项目结束的时候，学生们还组织了一个毕业庆典来祝贺自己取得的成绩。当问到第一期儿童技能教养法训练班毕业的孩子们的感受时，他们都说"好玩"、"很享受"、"太棒了"。

怎样让班集体变得更好

二年级，奥地利

虽然已经退休，奥地利维也纳的小学教师斯维特兰娜·尤塞（Swetlana Teutscher）还是牵挂着学校的孩子们。她参加了儿童技能教养法的培训班以后，决定在她曾经工作过的学校的2C班里小试牛刀。这个班里有24个孩子，年龄在十一岁左右。班主任非常欢迎斯维特兰娜老师每周一小时跟孩子们做持续六周的互动。

第一次见孩子们时,斯维特兰娜老师给孩子们讲述了下面的这个故事:

我正跟我的狗狗希拉一起在小树林里散步,突然碰到了阿不思·邓布利多,那个哈利·波特里面的魔法师,他偏巧是我和希拉的好朋友。我们仨一边走一边聊天,就说起了你们这个2C班。我和希拉忍不住跟阿不思说起我们对你们这个班的担心,因为我听说你们有很多的问题嘛。可是,阿不思肯定地跟我们说,压根就没有"问题"这回事儿,小孩子只要学一些新的技能就可以变得非常棒,你们这个班就能变成一个非常棒的班集体。

就这样,希拉和阿不思跟着这位退休教师一起走进了这个项目,他们不仅一起向孩子们介绍了儿童技能教养法每一步的做法,并且对孩子们取得的每一个小小的成就都表示由衷的赞美。

项目开始不久,家长们收到了这样的一封信:

为了改善班级的学习和生活氛围,我们计划从两周以后的星期一开始,开展一个小小的叫作"儿童技能教养法"的活动。我们的口号是:"如何把我们的班级变得更棒。"为了这个目标,每个孩子都要想出一个属于自己的独特的社交方面需要提升的能力,把它定义为自己接下来要学习的技能,这个技能可以给我们的班级带来积极正向的改变。

为了这个目标的实现,您——亲爱的家长,将是这里不可或缺的角色。当孩子们决定了要学习的技能后,他们会邀请家庭里的重要成员和一些朋友来支持他们完成这个目标。在整个项目的进行过程中,孩子们会跟他们的支持者谈论他们的成功,也会谈论他们的挫败。作为支持者,您最最重要的工作就是赞美孩子的成功。您可以这样做,比如,对她/他说,"哇,你真棒!""你是怎么做到的?""我真为你高兴!"同时我们也鼓励孩子跟他们的支持者谈论他们的挫败,谈论那些没有能够做好的状况。这个时候您不需要去跟孩子探讨是什么原因造成了挫败,而只要用亲切的态度鼓励他们就好了,比如对孩子们说:"我相信你下次一定会做好的。"

谢谢您的合作!

除了家长,他们还从六年级里面邀请了一些男孩和女孩。这些孩子比 2C 班的孩子平均大四岁,就像大哥哥大姐姐一样,会在小同学学习新技能的过程中支持他们。

孩子们人手一本儿童技能教养法的练习手册。他们在里面写上自己需要学习的技能。孩子们写下来的技能包括:在课堂上更集中注意力;更积极参与课堂的互动;更助人;学会跟不同性别的孩子相处……

每周开一次例会。例会上孩子们使用自己的练习手册,画出能够帮助自己学习技能的魔法宝贝(各种小动物),列出帮助自己的支持者,详细描述自己要怎样练习这些新技能,制订计划以应对可能的挫败,除此之外,还要记录他们自己的点滴进步。

项目结束时,孩子们邀请了他们的家长、兄弟姐妹,当然还有六年级的大哥哥大姐姐来参加他们的庆祝。

虽然在召开庆祝会的时候,并不是每个人都完全掌握了新技能,但所有的孩子们都取得了明显的进步,他们都表示要继续学习他们的新技能。

项目结束后不久,这位退休教师收到了班主任和孩子们的一些反馈:

马尔科:"我学会了怎么更好地跟女孩子相处。"

思瓦尼亚:"我们彼此更了解了,我也学会更理解别人了。"

阿里克斯:"我在学校表现得更好了,我学会了跟其他同学相处,我们学会互相帮助了。"

卡瑞姆:"我相信很多的孩子都在老师的帮助下达成了自己的目标。"

安德烈:"我的分数提升了很多。我更自信了,我在课堂上更积极了,老师们对我的进步都很高兴。"

菲利浦:"我们学到很多。我们学会一起做事和一起玩耍。我们比从前相处得更融洽,几乎从来都不吵架了。"

茉莉:"通过小组合作练习,我更了解其他同学了。"

尼克:"我了解到,其他同学能够帮助到我。"

柯莉思:"我们很多的同学都完成了自己的目标,我没有真的全部完成,但我还是觉得很好玩。"

萨拉:"我学会了跟别人谈论问题,这让我觉得事情变得简单,也让我开心起来了。"

班主任的反馈是这样的：

我非常高兴地发现，大多数的男孩子和所有的女孩子都非常认真地对待这个项目，他们以极大的热情参与其中。我还注意到，随着时间的推移，女孩们会有意识地去接触那些先前跟她们有严重冲突的男孩们。现在，这些孩子们相处得非常好，班级的整体氛围也变得积极正向。

这位退休教师也非常享受。她是这样跟我描述这件事的：

让我感到震惊的是，我的故事能如此打动孩子，他们完全相信自己学习新技能的能力。孩子们特别喜欢儿童技能教养法的工作手册。很多孩子还煞费苦心地把那些图画配上自己喜欢的颜色。在给自己的魔法宝贝起名字和为这些魔法宝贝配图时，他们显示出惊人的想象力。整个项目的进行有很多的分组学习和班级讨论，我惊讶于孩子们的成熟、能力和创造力。

改善特殊班级的氛围

比利时

这个故事是由在比利时弗兰德（Flander）学校指导中心做咨询师的娜丹·卡伦（Nadine Callens）提供的。故事是关于娜丹跟一个普通中学班主任的合作。这个班主任对班上的一些有特殊需求的孩子的破坏行为深感忧虑，这些十一到十三岁的孩子，有些是低智商的（IQ 值在 70～85），有些是有学习障碍的，还有一些有严重的行为问题。这个中学主要是为职业学校输送学生，就业方向是木工、电工或者是建筑工人一类的。

班主任最初找到娜丹是为了请她帮忙设计一个奖励系统鼓励班上的一些好行为,以便改善整个班级的氛围。娜丹给她介绍了儿童技能教养法。这个老师觉得方法不错,可以试一试。于是两个人决定合力找到一个好方法来跟孩子们一起工作。她们的原意是开发出一套流程式的做法,这样学校的其他老师也能够独立地在班级里运用该方法。

班主任和娜丹把学生们找来,问他们一些问题:为什么他们决定来这个特殊的学校?他们来这里上学想得到什么?为什么他们的这些目标很重要?当问到他们的梦想时,大多数的孩子说,他们的梦想是找到一份工作,让他们的父母以他们为骄傲。

了解到他们的梦想以后,班主任和娜丹问他们,为了实现他们的梦想,他们需要学习一些什么技能?或者需要在哪些方面做一些改善?孩子们找到的技能可以被归纳到五个方面:第一个方面是学业方面的技能,比如"好好写作业","写得整齐干净一些","每次只专注一件事"。第二个方面是有关课堂行为的,比如"举手发言","坐在自己的座位上","说话不要大嗓门","进出教室时保持安静"。第三个方面是同学之间相处的,比如"学会跟他人一起玩","为需要帮助的人提供帮助","看到别人打架要帮助调解","学会跟不是自己的好朋友的人一起做事"。第四个方面是关于跟大人沟通的,比如"注意倾听,不打断别人讲话","把学校的信转给家长"，"跟老师讲话时使用尊称"。第五个方面是关于自我管理和自我接纳的，比如"敢于跟家长讨论自己的问题"，"我能保持冷静"和"我能表达自己的见解而不必大声喊叫"。

班主任和娜丹又带领大家一起讨论了拥有这些技能所带来的好处。"为什么它是重要的技能？它到底是个怎样的技能？为什么这么重要？"比如，当问及"上课举手被许可才发言"的好处时，一个男孩说，他注意到当他们能够这么做的时候，教室里更安静，老师能够讲出更多的笑话。

第二次会面时，班主任和娜丹给了他们每人一张大纸，一堆粘贴。粘贴分为两种，一种是流星图画的，一种是荣誉勋章的。娜丹让每人在纸上先写出前次整理出的那些技能，然后对自己的技能做一个评估。在那些感觉已经做得很好的技能旁边贴上"荣誉勋章"，在还需要改善的技能旁边贴上"流星"。班主任老师看着学生们做的自我评价，对娜丹感慨道，没有想到学生们对自己的优缺点是这么清楚。

然后班主任和娜丹请学生们自己选择一个标有"流星"的技能作为自我改善的起点。整个项目分为两个阶段。第一个阶段是在这个学期里，由学生自己决定自己需要改善的技能。第二个阶段是下个学期，请家长决定一个学生需要改善的技能。

当娜丹第三次来到学校见到这些学生的时候，她对学生们说："我有一个很特别的问题要问你们。这是个非常重要的问题，我希望你们能用心地认真地想一想,再回答我。这个问题是'你要学习的这个技能对你有什么好处'。"

大多数学生都不需要什么帮助就能回答出来。比如,麦克要学习的技能是,遇到别人让他去做坏事的时候,能够勇敢地说"不"。他说,学习这个技能的好处是可以让他的姐姐和妈妈喜欢他,他也不至于有一天被关进监狱(他的爸爸被关进去好几次)。凯文要学习的技能是自我控制,他说有了自我控制就可以避免被处罚,他还郑重地补充道,这样会让他更受欢迎,也能被女孩子们欣赏。

班主任和娜丹把学生们分成两三人一组,请他们互相采访。采访者想象着自己手拿话筒,问被采访者,你的技能掌握得怎么样? 在什么时候展示过这个技能?是哪些妙招帮助你做到的?当被采访者说到自己如何展现了某种技能的时候,采访者必须要用"哇!""太好了!"这类的表达来回应。

采访游戏结束的时候,学生们一起回顾他们的发现和体会。结果发现了一大堆的"妙招"。一个男孩说,当他自己感觉要爆发了的时候,就回到自己的房间弹一会儿吉他。另外一个男孩说,他会把攥紧了的拳头放进裤兜里。一个女孩说,想象着把那个技能"种"到自己的大脑中——就像在花盆里栽种花儿一样,可以帮助到她。还有一个男孩说,想到他的爷爷就会帮助到他,因为他希望爷爷为他感到骄傲。

班主任和娜丹做了一张大大的表格,上面有每个学生的名字以及要学习技能的简要概述。他们把这个表格打印出来分发给每个任课老师，请他们用这个表格记录孩子们的表现，在孩子表现出他们所学的技能时做一个记录。

班主任邀请家长和学生们一起开了次会，娜丹参加了这个会。老师把孩子们要学习的技能告诉了家长，请家长加入这个项目做孩子们的支持者：给孩子们鼓励和建议，看到孩子们表现出技能的时候及时赞美他们，出现滑坡的时候给他们鼓劲儿，帮助他们继续努力。

此外，老师还要家长们给孩子解释为什么他们认为这个技能很重要，以及是什么让他们对自己的孩子充满信心的。孩子和家长都非常喜欢这样的对话。

在项目进行的过程中，娜丹还跟那些愿意跟她一对一交流的孩子们做了单独的交流。来交流的都是男孩子，他们为自己选择了非常具有挑战性的技能，像"更好地自我控制"以及"对坏的提议说'不'"等。娜丹很享受跟这些男孩子们的谈话。非常不同的是，以前他们都是被老师送来谈话的，这一次是他们自己主动想见娜丹的，他们想跟她谈一谈他们要学习的技能——那个可以让他们的未来变得不一样的东西。

路易斯，一个来自卢旺达的十二岁男孩，想跟娜丹做一对一的交流。他要跟娜丹说的是他想学习一个额外的技能，叫作"学得更多一些"。他解释说，如果他能够学得更多一些，就有可能被转到一个要求更高的班级,就会更为自己感到骄傲。娜丹得知他的愿望时感到很吃惊,她打开路易斯的文件发现,跟其他孩子不一样的是,路易斯的学习困扰不是来自低智商,而是来自他严重的阅读障碍。事实上,记录显示,路易斯的智商在117,高于平均值。娜丹于是依据"儿童技能教养法"帮助路易斯制订了一个计划去做到"学得更多一些"。他本人强烈的动机,加上学校的有力支持(为他申请了一个适合他需求的用于特殊教育的计算机),接下来,路易斯真的转到了需要更高要求的班级。

这个项目实施了整整一个学期。班主任一直在关注孩子们在学习技能方面的点滴进步,非常慷慨地赞美他们做得好的地方。到了学期结束的时候,他们按照开学之初的计划举办了一个Party,庆祝他们取得的进步。他们请来了所有的任课老师,还把另外两个特殊班级的同学也请了过来参加他们的Party,因为这两个班的老师也计划像他们班一样用"儿童技能教养法"改善班级的氛围。

庆祝会最抢眼的部分要数学生们用筷子和活页夹演奏的一个独特的音乐会。音乐老师亲自出任指挥,这是他们在音乐课上精心排练了很多次的一个节目。这个音乐会背后的故事是,以前,孩子们在上课的时候总是摆弄他们的活页夹,不停地开关活页夹里的开关弄出很多的噪声。班主任为此找到娜丹,她们一起想出了一个非常具有创意的好主意:与其简单地制止他们拨弄活页夹,不如干脆用这个噪声做一些不同的事。班主任回到班级里称赞孩子们的创意，告诉孩子们她已经跟音乐老师讲了他们能够用活页夹发出各种声音的事，音乐老师同意帮助孩子们用活页夹发出的声音制作出一段特殊的音乐在庆祝会上演奏。孩子们为这个意想不到的建议欢呼雀跃！用活页夹发出的噪声来制作音乐的这个大胆尝试，很好地解决了在课上摆弄活页夹的行为。

开学伊始，班主任跟每个孩子的家长征求意见，询问他们希望自己的孩子在这个学期学习什么新技能。家长们非常喜欢上学期取得的结果，所以非常高兴地给自己的孩子提出了建议。这一学期的结果也是非常出色的，学期结束时大家一起举办烧烤晚会，庆祝孩子们学到了新技能。

班主任说，这个项目不仅改善了班级的氛围，也让她跟孩子和家长谈论行为问题时变得容易了很多。当娜丹提议接下去一年继续这个项目时，她一点都没有犹豫就答应了。

给家长的一封信

举例

当学校决定在孩子们中间运用儿童技能教养法时,邀请家长们的参与是非常重要的。下面这封给家长的信只是一个例子。

亲爱的_____

_____同学希望邀请您做他/她学习_____技能的支持者。

为了掌握新技能,孩子们需要来自家人和朋友的支持、鼓励和帮助。作为支持者,我们期望您能做到:

* 帮助孩子理解学习这个技能为什么这么重要。
* 用鼓励的话语激发孩子的自信心。
* 对孩子的每一点进步持续地表现关注和兴趣。
* 如果孩子在学习技能中遇到困难,请为他/她提供帮助。

我在此承诺做_____的支持者。

签名_____

请在这里写下您对_____鼓励的话语:

_____

_____

_____

_____

给全班同学的一封信

举例

　　玛尤·阿赫拉是一位小学老师,在芬兰的耶尔文佩(Järvenpää)工作。她曾经非常富有创意地把儿童技能教养法施用于整个班级,称之为"找寻最棒班集体",用于改善班级的氛围以及学生们的行为。项目的启动方式令人印象深刻:她把教室清空,在中间点上蜡烛,请孩子们进来,宣布一个神秘的消息。孩子们无比惊讶地走进教室,坐到地板上等待着。当孩子们都坐定安静下来的时候,玛尤给他们读了一封她在教师休息室的格子间里发现的神秘来信。这封信是这么写的:

你们知道我是谁吗?

我不是出租车司机,

不是秘书,

不是图书管理员,

也不是建筑工人。

但我也不是老师,尽管教师是个不错的职业。

我呀,一直在这个国家里到处游走,试图寻找一个特殊的班级。我想,现在,我的寻找结束了,因为我最终找到了你们的学校,看到了你们这个班。

你们也许根本就没有注意到有什么非比寻常的事发生,但是我已经观察你们好几天了。经过仔细地观察和思考,我得出结论,你们这个班就是我所寻找的,因为你们具有我所需要的一切。

我将把这个重要使命授予你们这个班。

我已经老了,现在是到了让别人接管"寻找最棒班集体"的使命的时候了。

但是在你们开始接管这项使命之前,我需要你们一起弄明白到底什么样的班级才是"最棒的班集体"。

好了,祝你们的寻找顺利。

你们的,
奥劳库杂

借助这封来自神秘的奥劳库杂的来信,孩子们一起进入到一个项目中。这个项目包括确认孩子们要学习的技能,分成小组专注培养某个特殊技能,选择魔法宝贝,邀请父母做支持者,发展自我监督机制,计划庆祝,以及指定应对挫败的方法。

鼓励的来信

举例

芬兰盖乌拉（Keula）幼儿园是儿童技能教养法的发源地。那里的老师都很善于用署名魔法师 Bam 的名义给孩子们写鼓励的信件，这个已经成为老师们的工作习惯。

Bam 是一个手套玩偶的名字，它穿着蓝色的袍子，戴着蓝色的帽子，上面还点缀着一些黄色的小星星。手拿 Bam 玩偶的人可以在跟孩子们讲话的时候，将手伸进它的胳膊里，让它做出各种姿势。所以幼儿园的孩子们都很喜欢魔法师 Bam，希望它能出席自己的庆祝会。使用魔法木偶的想法来自"儿童魔法师"的计算机软件，是儿童技能教养法学习的辅助软件。在那个软件里魔法师 Bam 扮演一个非常惹人喜爱的卡通人物,辅导孩子们一步一步走完 15 步的儿童技能教养法。

第一个例子是 Bam 写给麦克的信。麦克是个六岁的男孩,他的问题是为一点儿小事就大发脾气。而且一发脾气就扔掉自己的眼镜,还常常会把眼镜打碎。他要学习的技能是"改善他的脾气",取名为"老虎技能"。

麦克,你好吗?

我是 Bam——儿童魔法师。我注意到你的脾气已经有不少的改善了。即使还是时不时地闹点儿脾气,但大多数的时候你都能好好地戴着眼镜。我必须告诉你,我真的很欣赏你。掌握"老虎技能"不是一件容易的事。你做得很好!

我已经在期待你的儿童技能教养法的庆祝会了,盼着那些好吃的果汁和果汁软糖。所以我想跟你说:"加油!老虎技能!"

你的,
魔法师 Bam

下面这封信是写给五岁的男孩瑞克的。他刚刚开过庆祝会,庆祝他学会了午睡前安静地躺在床上听故事。这封信给他提出了下一个要学习的技能的建议。

你好吗,瑞克?

我是 Bam——儿童魔法师。我想你该学习新的技能了。

你的庆祝会真好玩!你已经学会安静地躺在床上休息,专心地听故事了,真是太棒了。你做得非常好!

我想,如果你能够选择"好好吃饭"作为你的下一个要学习的技能就更好了。我看到你很享受吃饭,也喜欢各种不同的食物,这真的很好。要是你能够学会"好好吃饭"这个技能,你的饭桌就会保持整洁,你的衣服也会保持得很干净。妈妈看到你能够安静而又得体地吃饭,一定也会非常开心。你愿意跟你的妈妈一起考虑一下我的这个建议吗?

还有,你要想一想看,学会这个技能以后怎么庆祝呢?在一起吃点儿什么好吃的东西呢?你更喜欢红果汁还是黄果汁?天哪,我太盼望参加你的下一个庆祝会了,瑞克!

你的,
魔法师 Bam

下面是魔法师给小朋友写的另外一封建议学习新技能的信。

你好吗,亚历山大?

我是 Bam——儿童魔法师。我见过你们那里的很多 Party，看到你也在那里。知道你学会了跟小伙伴一起玩耍的技能，很为你高兴。所以我想建议你开始学习另外一个技能，这样我们就能够再办一个 Party 了。亚历山大，你来听听这个建议，看看怎么样："学习专心地做手工。"我觉得这个技能会对你很有用的。想一想，好吗？我们可以跟你的妈妈一起做一个计划。

你的，
魔法师 Bam

下面这封信是在罗恩跟老师达成约定以后，Bam 写给罗恩的一封鼓励的信。

罗恩，你好吗？

我是 Bam——儿童魔法师。能够参加你的庆祝会真的太棒了。谢谢你的糖果！

我今天听到你和你们老师的对话了。老师们建议你学习一个新技能："当爸妈来接我的时候，像大男孩一样讲话。"你还给这个技能起了一个很厉害的名字，叫"大男孩学校"。哇！你要是学会了这个技能的话，让我们用黄色的果汁和糖果来庆祝吧。问一下你的爸爸妈妈，可以吗？

你允许大家在你有时忘记这个技能的时候，提醒你"记得大男孩学校！"是吗？这真是个好主意。我真盼着能早一天参加你的庆祝会呀。我相信你一定能学会你的"大男孩学校"技能的，因为到目前为止你已经学会了那么多的了不起的技能了呀！

你的，

魔法师 Bam

在加拿大蒙特利尔，阿卡岱米富尼耶中心（Centre Académique Fournier）是专门处理孩子严重的行为问题的机构。那儿的心理医生路易斯·帕奎因发明了一个做法，请所有参加儿童技能教养法的孩子给他们的英雄写信。路易斯会花一些时间用英雄的口吻给孩子们做简短的回信。下面的这封信就是路易斯代表洋基老爹（Daddy Yankee）写给艾斯贝迪的。洋基老爹（Daddy Yankee）是世界著名的（Reggaetón）音乐家和歌手，是艾斯贝迪心中的英雄。

哇！酷！你有个多么了不起的名字呀，艾斯贝迪！

你能选我做你的支持者真是太酷了。当然也是我的荣幸。请原谅我这么多天才给你回信。实在是太忙了，总是一个接一个的活动。而且我还要找到合适的人用法语帮我给你回信。

我一定尽我所能来帮助你，每周给你写一封信。你知道吗？艾斯贝迪，在我写歌的时候，为了能够写出最好的歌，就需要安静下来。所以，如果你想在课堂上获得最好的学习效果，肯定也需要安静下来的……我期望能够再次很快地得到你的来信。

你的新朋友

洋基老爹

下一封信是写给杰夫瑞小朋友的,他选择了加勒比海盗里面的杰克·斯帕罗（Jack Sparrow）船长做自己的英雄。

航海家杰夫瑞,你好!

你擦过甲板吗?你在厨房里干过吗?你有没有爬上桅杆检查过远方地平线上的险情?要做一个好的航海家,每天都需要做一些必须做的功课。如果你想成为我这里的一名船员,你就得听从我的命令。所以,从现在起,你要开始练习服从你的老师伊莎贝拉的命令,然后我们再看看能否接受你作为我的船员。

我信任你,杰夫瑞!

你的,

杰克·斯帕罗船长

下面的信是写给比利的。比利的问题是骂人和讲话粗鲁。他去年的进步很大,但是现在问题又回来了,所以需要再次努力练习。比利让蝙蝠侠（Batman）做他的英雄。

比利,我的朋友!

这一个星期我都在想着你,因为我希望你能够成功地完成你的使命,学会有礼貌地讲话。我问了你身边的一些人,他们都说,你去年完成了一个项目叫作"当我好好说话时,身边的一切都变得顺畅",有了相当不错的进步。我想,如果你去年能够做到有礼貌地讲话,今年也一定能够做得很好。对我们这些超级英雄来说,无论在什么样的情绪下,都是要很礼貌地讲话的。如果你想取代罗宾站到我的身边,就要学会保持冷静。要做到这一点,你只要记住,深呼吸能很快地摆脱问题。粗鲁地讲话不会带给你任何好处,所以赶快改掉这个坏习惯吧。

你的朋友,
蝙蝠侠

最后的这个例子是写给杰里米小朋友的信。杰里米像很多班上的其他小朋友一样,有时候很难控制自己的坏情绪。

杰里米,你好!

你知道吗?我在执行一项任务的时候会产生很多的情绪。为了保持冷静,我会为自己设定一些小目标,并且用心地做深呼吸。我建议你,先为自己设定一个目标,并给这个目标取一个名字,帮助你做到保持冷静而不是大喊大叫。你的老师伊莎贝拉会很想知道你打算怎么做的。

祝你好运!希望很快能见到你。

蜘蛛侠

孩子们选择的魔法宝贝可以是任何东西,从玩具熊到美好的精灵,从摇滚艺术家到足球明星,不一而足。大一点儿的孩子,特别是青春期的孩子也许会觉得用富有力量的生物来做自己的精神力量太幼稚,对他们来说,魔法石、护身符或者其他一些具有内在力量的符号可能更合适一些。

魔法宝贝作为孩子内在力量的一个代表,能够以各种想象的方式来支持孩子的技能学习。孩子们似乎特别青睐能够跟魔法宝贝以某种形式进行沟通的主意。对他们来说,这个想象出来的宝贝可以引导他们改善技能,变得更加开心,跟它沟通的本身就是一个简单的魔法。他们更愿意听从魔法宝贝给他们的建议,而不是其他人的建议。那些鼓励和欣赏的话语如果是出自魔法宝贝,即使明明知道背后是某个大人,他们也会觉得更加顺耳,更容易听进去。

儿童技能教养法在本质上
并不是一个需要严格遵从的方法或者流程。

Part 5 实施儿童技能教养法的关键点

实践之前需要考量的几件事

如果你被书中的故事所激励,已经跃跃欲试地要操作了,下面的这些总结也许可以给你一些帮助。在过往的实践中,那些试图运用儿童技能教养法的人们提出了很多的问题,下面是我根据人们的各种提问总结出来的一些回答。

跟孩子建立亲密关系

使用儿童技能教养法离不开合作。如果没有跟孩子建立足够的亲密关系,就无法跟孩子展开合作。有很多的方法可以帮助你与孩子建立亲密关系,比如跟孩子一起玩耍、做游戏,对他们的爱好和喜欢的活动感兴趣,跟孩子们谈论他们的愿望和担忧。你还可以告诉他们你的工作,把儿童技能教养法展示给他们看。用儿童技能教养法跟孩子一起工作时,有一个特别有效的跟孩子建立亲密的方法,就是询问孩子以前曾经克服过什么困难,或者到目前为止已经掌握了什么技能。

要学习的技能需征得孩子的同意

如果要学习的技能是孩子自己提出的,他可能就非常愿意去学习。如果技能学习的建议来自大人，那么征得孩子的同意就显得十分重要。 要想征得孩子的同意，就要用尊重的方式提出你的建议："当你对其他孩子感到生气时，你的老师想让你去找他，他觉得这样可以帮助你避免跟别人打架，你在学校会更开心一些。你怎么想呢？你觉得这样好吗？"

在试图让孩子明白学习这个特殊技能的重要性时，一定记得避免把自己放到那个劝说的角色里。要去问孩子的家长和支持者，让他们来给孩子解释为什么学习这个技能对孩子很重要。

如果孩子拒绝学习，明显地表现出对于学习这个特殊的技能没有兴趣，绝不提倡哄骗孩子去学习。好一些的做法是退一步，问一问孩子自己想学习什么其他技能。学习掌握了自己选择的技能，孩子对于用这个方法克服困扰有了体验——假定这个体验是积极的，那么接下去孩子就有可能接受学习大人提议的那个技能。

所学习的技能一定是"可做的"

就像以前说过的，孩子很难学习那些"不做什么"的技能，比如"我要学习不打人"，或者"我要学习不撒谎"，"我要学习得不到东西时也不吵不闹"。你要跟孩子一起看看，为了不出现那些不应该有的行为，到底应该学习什么技能。所学习的技能必须是"可做的"，这意味着，孩子能够在角色扮演中或者日常生活中表现出或者展示出这个技能。比如,"学习不大喊大叫"就不能被认定为"可做的"技能,但是"学习用适当的方式表达我的失望"就是"可做的"技能。

针对精神紊乱中的特殊行为特征

大多数儿童精神科疾病,包括多动症、自闭症、行为紊乱、发育障碍、焦虑症和情感障碍等都是一些综合征,也就是一些功能或症状的综合表现。儿童技能教养法不能够直接治疗这些精神性紊乱,但是可以间接地帮助孩子去应对精神性紊乱中的某个特征。为了用儿童技能教养法去帮助那些被诊断为患有精神性紊乱的孩子,需要就其紊乱特征做一个清单,也就是孩子真正的情绪和行为问题清单,可以依照这个清单来确认孩子需要学习的技能。为了能够就这个紊乱做出明晰的特征清单,可以这样问一些问题:"他的紊乱在行为上是如何表现的?"或者"这个紊乱带给他什么样的问题?"

灵活

使用儿童技能教养法时,一步一步地去完成整个过程是一个很安全的做法。但是,一旦你学到了一些经验,你就可以根据情形省掉几步,或者改变顺序来自由发挥了。比如,你可以不从第一步的确定问题和找到学习的技能开始,而是直接跳到第七步,从建立信心开始,你可以问问孩子以前有哪些曾经克服过的困难,或者已经掌握了哪些技能。或者,你也可以从第十四步开始——把技能传授给其他人,问问孩子他打算怎么把自己也能从中获益的技能教给泰迪熊。

为受挫或遭遇阻碍事先做好准备

这本书的案例实际上是由世界各地使用儿童技能教养法的人们写的成功故事集结而成的。这些案例很好地诠释了如何在各种情形下成功地运用儿童技能教养法,但同时也可能会给人们一个错觉,把儿童技能教养法理解成为一种通用的无论任何情形下都战无不胜的神奇法宝。使用儿童技能教养法的时候,你必须要有遭遇挫败或退步的准备。比如,孩子最初的动力慢慢消退了,从前的问题又回来了,或者跟家长或老师的合作比预期更加困难等。许多情况下,这些困难是可以战胜的。但也一定有一些情况,需要把其他一些形式的治疗与儿童技能教养法结合起来。也许,在那些情形下,只有把不同的方法结合起来才是最合适的方法。

从更高的层面上看儿童技能教养法

请各位谨记,尽管给出了可操作的结构、详细的指导以及可以依循工作的练习册,儿童技能教养法在本质上并不是一个需要严格遵从的方法或者流程,它其实更是一个建议、一套指南,帮助我们学会用尊重的、合作的以及富有创意的方式跟孩子们和他们的家庭一起工作。

感 谢

感谢所有在世界各地倾心实践儿童技能教养法的人们,感谢你们的慷慨分享,还要感谢这些孩子和这些家庭允许我们在此分享。没有你们,就没有这本书的出版。

我愿意把我的同事塔巴尼·阿赫拉、都亚·泰莱瓦、斯莱巴·伯恩看成是我的合作出版者。儿童技能教养法是我跟他们长期的团队合作的结果。在这本书的写作过程中,他们也给了我很多至关重要的意见、评论和反馈。

我还要特别感谢我的合作伙伴路易斯,感谢她的鼓励和她的敏锐观察。更重要的是,她把我带进批判性的对话中,让我得以思考运用"儿童技能教养法"的一些伦理关怀、可能的局限性,以及一些看不见的臆断,教导我谦卑,希望这本书能够呈现这一切。

衷心地感谢你们!

参考资源

关于儿童技能教养法的书

Bauer, C., Hegemann, T. *Ich Schaff's! - Cool ans Ziel. Das lösungsorientierte Programm für die Arbeit mit Jugendlichen.* Carl-Auer Verlag, Heidelberg, 2008.

Furman, B. *Kids' Skills-Playful and Practical Solution Finding with Children.* St.Lukes Innovative Resources, Bendigo, Australia 2004. The book has originally been published in Finnish. Other translations include Swedish, Danish, Norwegian, Icelandic, German, Dutch, Bulgarian, Japanese, Chinese, Chinese simplified, and Korean.

关于简快治疗的书

Freeman, J. Epston, D. and Lobovits, D.: *Playful Solutions to Serious Problems. Narrative Therapy with Children and Their Families.* Norton Professional Books, New York, 1997.

Selekman, M. *Solution-focused therapy with children: Harnessing Family Strenghts for Systemic Change.* Guildford press, New York, 1997.

Haley, J. *Uncommon Therapy: The Psychiatric Techniques of Milton H. Erickson, M.D.* Norton Professional Books, New York, 1986.

Haley, J. *Leaving home: the therapy of disturbed young people.* Brunner Mazel, New York 1997.

Insoo K.B., Steiner, T. *Children's Solutions Work.* Norton, New York 2003.

Rosen, Sidney. *My Voice Will Go with You: The Teaching Tales of Milton H. Erickson, M.D.* Norton, New York 1982.

White, M., Epston, D. *Narrative means to therapeutic ends.* Norton, New York 1990.

相关文章和书籍章节

Franklin, C., Biever, J., Moore, K., Clemons, D., Scamardo. M. *The Effectiveness of Solution-Focused Therapy With Children in a School Setting.* Research on Social Work Practice, Vol. 11, No. 4, 411-434 (2001).

Ratner, H. Solution-focused therapy in schools. pp 95-105 in Nelson, T., Thomas, F.N. (Eds.) *Handbook of Solution-Focused Brief Therapy: Clinical Applications.* The Haworth Press, 2007.

Tolksdorf, S. *Tips and Tricks for Working with Children: Solution focused Brief Therapy in a German classroom.* pp 191-224 in Nelson, T., Thomas, F.N. (Eds.)Handbook of Solution-Focused Brief Therapy: Clinical Applications. The Haworth Press, 2007.

White, M. *Pseudo-encopresis: From avalanche to victory, from vicious to virtuous cycles* (Family Systems Medicine in 1984, Vol 2, Nr. 2, republished in White, M.: Selected Papers, pp.115-124, Dulwich Centre Publications, Adelaide 1989).

网络资源

www.kidsskills.org
www.ichschaffs.de
www.jagkan.se

辅助软件

Furman, B. *Bam, The Kids' Wizard.* Helsinki Brief Therapy Institute, 2005. Available in English, German, Dutch, Swedish and Danish.

练习册

Furman, B. *My Kids' Skills Workbook*. Helsinki Brief Therapy Institute, 2009.

视频

Buchanan G. *Solution-focused techniques*. http://www.handsonscotland.co.uk click on Index of all topics → Techniques → Solution focused techniques → Video clips on solution-focused techniques.

Furman. B. *Kids' Skills: The Solution-focused approach to solving chidren's problems*. Helsinki Brief Therapy Institute, Helsinki, 2004.

图书在版编目（CIP）数据

从故事里学儿童技能教养法 /（芬）本·富尔曼(Ben Furman)著；（芬）李红燕译. -- 北京：华夏出版社，2019.1（2024.1重印）
书名原文：Kids' Skills in Action
ISBN 978-7-5080-9629-2

Ⅰ. ①从… Ⅱ. ①本… ②李… Ⅲ. ①儿童教育－研究 Ⅳ. ①G610

中国版本图书馆 CIP 数据核字(2018)第 269146 号

Kids' Skills in Action written by Ben Furman
Kids' Skills in Action © Ben Furman，Finland 2010

版权所有　翻印必究
北京市版权局著作权合同登记号：图字 01-2013-1972 号

从故事里学儿童技能教养法

作　　者	［芬］本·富尔曼
译　　者	［芬］李红燕
责任编辑	王凤梅
责任印制	刘　洋

出版发行	华夏出版社有限公司
经　　销	新华书店
印　　刷	三河市万龙印装有限公司
装　　订	三河市万龙印装有限公司
版　　次	2019 年 1 月北京第 1 版 2024 年 1 月北京第 4 次印刷
开　　本	880×1230　1/32 开
印　　张	7.5
彩　　插	8 页
字　　数	140 千字
定　　价	45.00 元

华夏出版社有限公司
地址：北京市东直门外香河园北里 4 号　邮编：100028
网址：www.hxph.com.cn　电话：(010) 64663331（转）
若发现本版图书有印装质量问题，请与我社营销中心联系调换。

在石家庄长安区教育局组织的教师培训大会上，本·富尔曼和李红燕为现场400名教育工作者演示如何跟家长和孩子谈话，帮助孩子学习"专心写作业"技能。

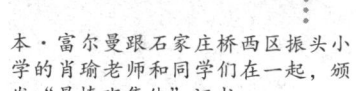

本·富尔曼跟石家庄桥西区振头小学的肖瑜老师和同学们在一起，颁发"最棒班集体"证书。

2015年5月，本·富尔曼和李红燕跟北京中关村一小一年级五班的班主任刘峰和巧云老师、家长以及孩子在一起，颁发"最棒班集体"证书。

2015年5月,北京,
儿童技能教养法工作坊现场照片。

我能行(北京)管理顾问有限公司是芬兰儿童技能教养法的中国推广中心,也是赫尔辛基简快治疗研究所在中国唯一授权的合作伙伴,旨在合作培养中国自己的"儿童技能教养法注册教练"以及开展以儿童技能教养法为核心的"家长课堂注册培训师"。

儿童技能教养法国际官网:www.kidsskills.org
儿童技能教养法中国官网:www.kidsskills.cn
李红燕博客:http://blog.sina.com.cn/u/2480486280
邮箱:wei.wei@kidsskills.cn